目次 | Contents

ガイドブックの使い方・注意事項	2
参加方法	3
巻頭言「イケフェス大阪2019に寄せて」	4
インデックス	8

プログラム

プレイベント	12
メインイベント	18

特集1	こどもスペシャル	26
特集2	設計事務所連携企画「セッケイ・ロード」	34
特集3	継承される建築文化 〜百貨店特集〜	58
特集4	夜フェスのすすめ	70
特集5	都市計画100周年	72

アフターイベント	79
連携プログラム	82
関連イベント	89
エリアマップ	91

ガイドブックの使い方

このガイドブックは、「生きた建築ミュージアムフェスティバル大阪2019」で実施する建物公開プログラムを、原則、建物ごとにまとめて紹介しています。

オーナーからのひとことや専門家による建物のミニ解説、コラムをはじめ、所在地やマップも掲載していますので、イケフェス大阪開催期間中はもちろん、大阪の建築ガイドブックとしてもお役立てください。

■プログラムの種別

特別公開	普段は入ることができない内部等を、自由に見学できるプログラム
ガイドツアー	普段は入ることができない内部等を、建物所有者等の案内でめぐるプログラム
スペシャルツアー	テーマに沿って、複数の生きた建築を様々な分野の専門家の案内でめぐるプログラム
その他	ワークショップ・展示、トークセミナー、コンサート、休日特別開館など

お願いと注意事項

イケフェス大阪は、通常一般公開されていない建物等を所有者・関係者のご厚意により特別に公開いただくことで成立しています。来年以降も継続して開催していくために、マナーを守ってお楽しみいただきますよう、ご協力をお願いいたします。

1. スタッフやボランティア、建物関係者の指示に沿ってお楽しみください。指示を守っていただけない場合は参加をお断りいたします。次の内容については、特にご注意ください。

●写真撮影等	建物によっては、撮影禁止・立入禁止の場所があります。撮影可能な場合でも、SNSやHPへの掲載を禁止しているところもあります。詳細をご確認のうえ、**ルールを守って**お楽しみください。**他の参加者の迷惑とならない**よう、各自、譲り合って撮影ください。 また、モデルの撮影など**建物見学以外を目的とする写真撮影は固くお断り**します。取材を希望される場合は、事前に実行委員会info@ikenchiku.jpにご連絡ください。
●テナントビル	お仕事中の方がいらっしゃる場合もありますので、お静かに見学ください。また、店舗等を除き無断での入室は絶対にお止めください。
●エレベーター等	エレベーターやスロープ等の設備がない建物もございます。あらかじめご了承のうえご参加ください。
●集合	集合時間が定められたプログラムは、時間を厳守下さい。遅刻された場合、原則として参加いただけません。
●その他	別途、建物ごとに注意事項が設定されている場合がございます。記載内容等をよくご確認ください。

2. プログラムの内容は予告なく変更することがあります。また、当日の天候(大雨・暴風等)によって変更・中止させていただく場合もあります。予めご了承ください。

3. 建物への直接のお問合せはご遠慮ください。お問合せは、P.108に記載の【問合せ先】にて承ります。

※通常公開されていない建物内にイケフェス大阪のプログラム以外で許可なく立ち入ることはお止めください。違法行為として処罰されることがあります。

参加方法

参加方法はプログラムによって異なります。各プログラムの内容を必ずご確認ください。

■マークについて（原則各プログラムの右上に表示）

マークなし 事前申込みは**不要**です。混雑時には安全確保等の理由から、入場制限や入場をお断りすることがあります。また、状況によっては、予告なく終了時間等を変更することがあります。予めご了承ください。

当日先着 事前申込みは**不要**です。当日先着順に受付け、定員になり次第締切ります。受付場所や受付開始時刻等の記載をご確認ください。

要申込 事前申込みが**必要**です。下記「要申込プログラムへの参加について」をよく読み、お間違いのないようお申込みください。
当選された方のみ参加いただけます。当選通知を必ず持参してください。

要申込プログラムへの参加について

要申込 の
マークがあるもの

申込先は「公式ホームページ」と「その他」の2通りです。

■申込先が「公式ホームページ」の場合（[申込方法] P.03参照 と記載があるもの）

［**申込期間**］ ガイドブック発売開始日〜10月15日（火）正午まで
［**申込方法**］ 公式ホームページ（**http://ikenchiku.jp**）からお申込みください。
要申込のプログラムのページ内の「申し込む」をクリックすると、申込ページに進みます。

- 初めて申込みされる際は、まず**ユーザー登録が必要**です（昨年までの登録情報は削除されています。お手数ですが改めて登録してください）。
- 同日同一時間帯のプログラムや同一プログラムの異なる回次への申込みはできません。
- 申込期間中のキャンセルはご自身で「申込状況確認」から行ってください。人数や同行者の変更がある場合は、一度キャンセルの上、再度お申し込みください。
- 抽選結果は、確定次第順次公式ホームページ上にてお知らせします。「申込状況確認」からご覧いただけます。
- 詳しい登録・申込方法、当選後のキャンセル方法等については、公式ホームページ「参加方法」でご確認ください。

■申込先が「その他」の場合

- 各プログラムに記載されている申込方法に沿って、ご応募ください。
- 結果は各申込先から直接通知されます。
- ※申込期間はプログラムによって異なりますので、ご注意ください。

お申込みについての注意事項（要申込プログラム共通）

- 特に注意書きがない場合、1回の申込みで2名様まで申込むことができます。
- 申込み期間・申込み先・方法等を間違ったご応募は無効とさせていただきます。
- 毎年、多数のお申し込みをいただいておりますので、当選後のキャンセルはお避け下さい。有料プログラムをキャンセルする場合、キャンセル料が発生する場合があります。
- 当選の権利の売買は固く禁止します。
- 登録いただいた内容は、ご本人様への連絡やプログラム実施に必要な範囲で利用させていただくほか、当実行委員会内部で、個人を特定できない統計的な分析等に使用させていただくことがあります。

イケフェス大阪に関するお問合せは
→P.108をご覧ください。

生きた建築ミュージアムフェスティバル大阪 2019　　　参加方法

巻頭言 イケフェス大阪2019に寄せて

橋爪紳也　生きた建築ミュージアム大阪実行委員会委員長

「イケフェス大阪」も6年目を迎えました。本年も、たくさんのビル所有者、建築関係者のご協力を得て、建物の特別公開やワークショップ、講演会などさまざまなプログラムを用意することができました。大阪の秋、「特別な2日間」を楽しんでいただければ幸いです。

私は、人々の営みとともにあり、「生き生き」とその魅力を物語り続けている建築を、「生きた建築」と定義しました。大阪には時代を超えて親しまれ、歴史的な価値が生じた建築があります。また最近、竣工したばかりの超高層ビルディングも、際立った存在感を示しています。ともに、この地で育くまれた建築文化の所産であり、また将来にわたって、大阪の都市景観をかたちづくる建物であるという点において、等しく大切な存在です。

しかし市民の方々が、建築に親しむ機会はそれほどありません。私は、できるだけ多くの方々に、「生きた建築」と出会い、大阪が生み出した固有の建築文化に関心を持っていただける機会を設けたいという強い願いをもって、このフェスティバルをスタートアップいたしました。

「イケフェス大阪」では毎年、通常のプログラムに加え、特定の建物やエリア、建築家や設計事務所をテーマとする「特集」企画を実施しています。本年は「百貨店建築(P.58)」、大阪を代表する設計事務所が東西に並ぶ高麗橋通に焦点をあてる「セッケイ・ロード(P.34)」、「都市計画100周年(P.72)」など5つの「特集」をご用意しました。それぞれの見所は、関連するコラムをご覧ください。

嬉しいご報告があります。私たちは、かねてロンドンを拠点に世界各地46の都市とのネットワークを構築している「Open House World wide(以下、OHWW)」への参画を検討していました。申請をし

たところ、この夏、無事、承認を得ることができました。大阪は、東アジアではマカオに次いで2番目、日本では最初の加盟都市となります。

「イケフェス大阪」を立ち上げるにあたって、私たちは四半世紀の歴史がある「Open House London(以下、OHL)」に学んできました。こどもたちを対象とする建築教育の重要性を説き、建築の価値を広く市民に知っていただくという理想、多数の協力を得て2日間の建築公開イベントを実施する方法論など、私たちはロンドンでの先例を参考にしてきました。

2016年にはOHLの創設者であるヴィクトリア・ソーントンさんを「イケフェス大阪」にお招きし、大阪の建物をご案内、クロージングトークにもご登壇いただきました。また、2018年には実行委員会の有志とともにロンドンを視察し、800カ所を超える建物を公開、25万人が参加する世界最大規模の建築フェスティバル・OHLを体験して参りました。

OHLを参考に建築公開イベントを実施する都市が続々と増えています。今回、「イケフェス大阪」が参画した「OHWW」は、その国際的な連携組織になります。これを契機に「イケフェス大阪」の英語名称を「Open House Osaka」としたいと存じます。

「イケフェス大阪」に興味を寄せていただいている皆様にお願いがあります。機会があれば、ぜひこの国際的なネットワーク「OHWW」に所属する各都市で実施されている建築公開イベントにご参加ください。

ここでは、私が2017年の秋に訪問した「Open House Barcelona」の様子を紹介しておきましょう。[pic.1・2] バルセロナには、アントニオ・ガウディやドメネク・イ・モンタネールをはじめ、カタルーニャ独自の芸術様式「モデルニスモ建築」の担い手たちの名作が各所にあり、世界遺産になっ

た建物も少なくありません。加えて近年竣工した現代建築の名品も多くあります。私が訪問した際も、名建築のガイドツアーに加えて、再開発が予定されている旧監獄の特別公開など話題のプログラムが用意されていました。

OHWWに参画している各都市で、2019年に開催が予定されている建築公開イベントについては、下記をご参照ください。

https://www.openhouseworldwide.org

pic.1　Open House Barcelonaの様子（写真提供：橋爪紳也）

pic.2　Open House Barcelona事務所にて（写真提供：橋爪紳也）

さて、今年のイケフェス大阪に話を戻しましょう。本年の特集の一つは「百貨店建築(P.58)」です。近年、大阪の百貨店に注目が集まっています。歴史的な建物では、92 大丸心斎橋店が外観や内部装飾を保存しつつ、新たなビルディングに姿を改めました。また髙島屋東別館では、文化財としての価値を有する内外の意匠を残しつつ、宿泊施設へのリノベーションが進んでいます。阪神梅田本店も建て替え工事の途上にあります。

日本の百貨店は、欧州のデパートメント・ストアや米国のマーケットを参考に、資本力のある呉服店が、従来の座売りから陳列販売に改めつつ、複合的な商業施設に業態を転じることで成立しました。大正末から昭和初期、大阪が欧米の大都市に比肩する風格のある都市を目指した、いわゆる「大大阪の時代」にあたります。

各店は店舗を高層化、都市を象徴する堂々たる建築を目抜き通りに建設しました。堺筋沿道では、三越、白木屋、髙島屋長堀店、三越、松坂屋（現髙島屋東別館）が、拡幅された御堂筋に面しては、大丸、そごうが、堂々たる店舗を完成させました。いっぽうで上六の三笠屋百貨店、梅田の阪急百貨店[pic.3]を先駆として、鉄道各社は駅ビルにターミナル型百貨店を運営するようになります。各百貨店は集客をはかるべく、創意工夫を重ねました。表通りにショー・ウインドウをしつらえて、四季折々の演出や最新の商品を展示しました。大食堂や飲食店街を設け、催事場でさまざまな展示会を企画しました。三越の劇場では、専属の「少年音楽隊」が人気を集めます。のちに宝塚少女歌劇団のモデルとなったと伝えられています。白木屋では、日本初の試みとしてパリからネオンサインを輸入、店頭に灯しました。新たな服飾やヘアスタイル、モダンなライフスタイルの提案を重ねることで、百貨店は流行の発信地となりました。また同時に、地方から来阪する人々にとって、都市観光の対象にもなりました。

pic.3　阪急百貨店の絵葉書（資料提供：橋爪紳也コレクション）

生きた建築ミュージアムフェスティバル大阪 2019

建築にあっても、優れたデザインや独創的な表現の試みがありました。たとえばＷ・Ｍ・ヴォーリズが設計したことで知られる大丸大阪店(現 92 心斎橋店)[pic.4]は、「大大阪」の時代の雰囲気を伝える百貨店建築の白眉と言って良いでしょう。

3期にわたる工事を経て、昭和8年に竣工しています。近世ルネッサンス様式の6階建てのビルですが、御堂筋に面したファサードでは花崗岩・スクラッチタイル・テラコッタを使い分けて三層に見せる構成を採用、雪の結晶を連想させる玄関まわりの幾何学的なパターンは見事です。上方には往来する人の流れを見守る鳥の彫像群を据え、屋上にはネオゴシック調の塔屋「水晶塔」を突き出しています。また六芒星や八芒星の図像を要所に配置、アールデコのデザインで埋め尽くされた一階の内装も見どころです。米国の百貨店や摩天楼を連想させる「消費の殿堂」にふさわしい豪華さです。

また高島屋東別館(旧松坂屋大阪店)も、往時の商業デザインの精華を今に伝えています。南館は竹中工務店大阪、新館は鈴木禎次が設計を担い、昭和9年には主要部分が竣工しています。アカンサスの葉をモチーフにした華やかな装飾、全長67mのアーケードなど華やかな印象です。新館竣工時には、市街地の眺望を楽しみながら水遊びができる屋上のプールが名物となりました。飛行塔、豆汽車、すべり台やコドモ自動車、自動木馬、4本足で歩行する機械仕掛けの「歩く象」などの遊技機械も導入、「コドモの楽園　おとなの天国」などと称して人気を集めたといいます。

⬆ pic.5　高島屋南海店を空撮した絵葉書。御堂筋がまだ工事途中である様子がうかがえる(資料提供：橋爪紳也コレクション)

ここでは私のコレクションから、昭和7年、南海ビルディングの全館竣工に応じて、テナントとして入店した高島屋南海店(現 101 高島屋大阪店)[pic.5]が配布した広報紙「ラッキーニュース」を紹介しましょう。[pic.6・7] 見開き全面を使って各フロアを紹介、併せて開店記念大売り出しを告知しています。

開業時、高島屋南海店は、東洋最大規模の百貨店として脚光を浴びました。呉服店から発展した百貨店でありながら、ターミナル型百貨店の機能を兼ねた点に特色があります。鉄道建築の第一人者であった久野節が設計、大林組が工事を請け負いました。昭和5年に第1期、昭和7年に第2期の工事が完了しました。

ルネサンス様式に準拠しつつ、構成に新趣向を見せる新古典様式の建物です。東西に長い敷地に従って、壺飾を冠に戴くコリント式オーダーの半柱を並べ、柱上を連続アーチで繋ぐ外壁が見どころです。テラコッタ装飾とあいまって、華やかな印象です。

高島屋南海店には、専門に特化した売り場のほか、大食堂やフルーツパーラー、均一価格の商品を並べる「高島屋十銭二十銭ストア」、高島屋サロン、映画上映会や音楽会を行う330名収容の演芸場などもありました。全館冷暖房の設備を他店に先駆けて導入した点も話題でした。

夜間照明も斬新でした。電光文字のニュースを流す「スカイサイン」、15秒周期で赤・黄・緑に

⬅ pic.4　子どものころの筆者。百貨店の屋上遊園で撮影。後方に大丸大阪店の旗が見える。(写真提供：橋爪紳也)

変色する「ムービー・カラーライト」のライトアップなど、当時としては最新の演出でミナミの夜景に彩りを添えていました。

紙面では、繁華街に浮かぶように立つ南海ビルディングの偉容を「陸上の巨船」と形容、東京の丸ビルに次ぐ「日本第二のデッカイ建物」、「理想の立体的お買物街」と称えています。また髙島屋との縁が深い与謝野晶子は「とゝのひぬ大阪城に天守成り　南難波に髙島屋成り」という「髙島屋全館開店を祝ふ歌」を寄せて、市民の寄付で完成した復興天守閣と比肩しています。

さらに関一市長と白川大阪市会議長が屋上庭園から御堂筋を展望、「大大阪」の将来について語る「和やかな都市計画漫談」という記事が掲載されています。

「空には煙が多い、地上には緑が少ない、これはわが大阪市のためにもっとも考慮せねばなりませぬネ」「同感、それに街の美しさといふことも大切です」「それには家並びを統一することが一番いいのですが。…」「調和的に統一しているつまり調和美ですなア」

さらに白川議長は、難波のこの地で郊外電車とデパートが「握手」していることが「大大阪将来のため非常に結構な配置」と述べています。

雑誌『浪華タイムス』(昭和11年3月号)の特集記事「百貨店巡礼記」では、髙島屋南海店では、ターミナル駅で乗降する「あわただしい気分の顧客」と、心斎橋筋商店街から流れてくる「散策気分の顧客」との双方が買い物をしていると分析、良い意味でミナミという繁華な街の「盛り場気分」を店内に導入している点が特徴だと評価しています。巨大かつ複合的なターミナル百貨店は、郊外の住宅地と都心とを繋ぎつつ、新たなライフスタイルを提案する役割を担っていたということでしょう。

当初、百貨店は建築の高層化に先鞭をつけ、都市の立体化を先導することで、大阪を象徴する建築となりました。あわせて、常に流行の源泉となり、総合的な文化創造の拠点という役割を担いました。時代とともに変貌を見せつつも、今日にあってもその役割は変わりません。今年のイケフェス大阪では、百貨店建築を楽しみつつ、大阪の商業建築に関わる伝統、現在、そして未来に思いを寄せていただければ幸いです。

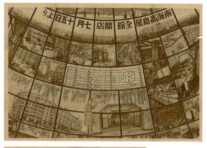

↑ pic.6・7
広報紙「ラッキーニュース」より（資料提供：橋爪紳也コレクション）

橋爪 紳也
はしづめ しんや

1960年大阪市生まれ。京都大学工学部建築学科卒、同大学院修士課程、大阪大学大学院博士課程修了。建築史・都市文化論専攻。工学博士。
大阪府立大学研究推進機構特別教授、大阪府立大学観光産業戦略研究所長。日本観光研究学会賞、日本都市計画学会石川賞、日本建築学会賞ほか受賞。『大大阪モダニズム遊覧』『瀬戸内海モダニズム周遊』『広告のなかの名建築　関西編』ほか著書は80冊を越える。
大阪府特別顧問、大阪市特別顧問、大阪市都市景観委員会委員長、大阪府河川水辺賑わいづくり審議会会長、株式会社京阪ホールディングス社外取締役、イベント学会副会長などを兼職。

生きた建築ミュージアムフェスティバル大阪2019

インデックス

番号	名称	掲載ページ
31	アートアンドクラフト 大阪ショウルーム＆オフィス（大阪装飾ビル）	P.28
1	愛珠幼稚園	P.12
56	青山ビル	P.41, 70, 71, 87
113	安治川水門	P.73
62	新井ビル	P.44, 70
107	池辺陽 最小限住宅No32	P.67
66	生駒ビルヂング	P.46, 70
87	立売堀ビルディング	P.56, 70, 71
43	今橋ビルヂング ［旧大阪市中央消防署今橋出張所］	P.33, 70
85	上町荘（design SU一級建築士事務所＋YAP一級建築士事務所）	P.55, 71
108	桝家（うだつや）	P.67, 70
10	梅田スカイビル（新梅田シティ）	P.18
21	ABC本社ビル	P.23
連	EXPO'70パビリオン	P.84
30	江戸堀コダマビル［旧児玉竹次郎邸］	P.28
B	M@M（モリムラ@ミュージアム）	P.15
20	遠藤克彦建築研究所大阪オフィス（江戸堀辰巳ビル）	P.22, 35
125	逢坂会所ポンプ施設	P.76
38	大江ビルヂング	P.31
79	OMM	P.52, 71, 86
89	オーガニックビル	P.57
16	大阪梅田ツインタワーズ・サウス（梅田1丁目1番地計画）	P.20, 58
48	大阪ガスビル	P.37
106	大阪くらしの今昔館	P.27, 66
44	大阪倶楽部	P.33, 70
連	大阪工業大学梅田キャンパス	P.86
82	大阪国際平和センター［ピースおおさか］	P.53

番号	名称	掲載ページ
F	大阪市水上消防署	P.81
3	大阪市中央公会堂	P.13, 26, 70
64	大阪証券取引所ビル	P.26, 45, 70, 108
69	大阪商工会議所ビル	P.48
67	大阪商工信用金庫 新本店ビル	P.46
7	大阪市立大学	P.15
連	大阪市立中央図書館	P.83
連	大阪市立難波市民学習センター	P.83
133	大阪市立美術館	P.70, 79
19	大阪中之島美術館	P.22
94	大阪農林会館	P.60, 70
11	大阪富国生命ビル	P.18
80	大阪府庁本館	P.53
6	大阪府立国際会議場［グランキューブ大阪］	P.14
115	大阪府立狭山池博物館	P.73
40	大阪府立中之島図書館	P.26, 32, 85
39	大阪弁護士会館	P.32, 83
47	オービック御堂筋ビル	P.36
65	オクシモロン 北浜（北浜長屋）	P.45
5	オペラドメーヌ高麗橋［高麗橋ビル］	P.13
86	オリックス本町ビル	P.55, 71
129	金蔵	P.77
103	株式会社モリサワ本社ビル	P.65
2	関西大学千里山キャンパス	P.12
52	関西ペイント本社ビル	P.27, 39
49	北野家住宅	P.37, 88
61	北浜レトロビルヂング	P.44, 70
105	ギャラリー再会	P.65
112	近畿大学 アカデミックシアター	P.69, 71

OPEN HOUSE OSAKA 2019

番号	名称	掲載ページ
13	King of Kings（大阪駅前第1ビル）	P.19
32	久米設計大阪支社 （パシフィックマークス肥後橋）	P.27, 29, 35
F	KLASI COLLEGE	P.81
41	グランサンクタス淀屋橋	P.32, 70, 71
135	グランフロント大阪	P.80
84	コイズミ緑橋ビル （コイズミ照明R&Dセンター）	P.54
128	此花下水処理場ポンプ場	P.77
104	西光寺	P.65
A	ザ・ガーデンオリエンタル・大阪	P.14
95	堺筋倶楽部	P.61, 70, 71
25	サントリービル	P.24
98	自安寺	P.62
121	JR東海道線支線地下化	P.75
連	シネ・ヌーヴォ	P.82
8	芝川ビル	P.16, 38, 70
連	修成堀江ラボ	P.84
99	食道園宗右衛門町本店ビル	P.63
96	新桜川ビル	P.61, 71
118	水道記念館（旧第1送水ポンプ場）	P.74
35	住友ビルディング	P.30
14	スリープカプセル［カプセルイン大阪］	P.19
111	センチュリー・オーケストラハウス	P.68
60	船場ビルディング	P.43
A	太閤園淀川邸	P.14
131	太閤（背割）下水	P.77
33	大同生命大阪本社ビル	P.29
24	ダイビル本館	P.24, 27
92	大丸心斎橋店本館	P.58, 71
101	髙島屋大阪店	P.59, 64, 70, 71

番号	名称	掲載ページ
57	武田道修町ビル	P.42, 70
58	田辺三菱製薬株式会社本社ビル	P.42, 70
B	千鳥文化B棟	P.15
110	中央工学校OSAKA一号館	P.68
116	陳列館ホール（花博記念ホール）	P.74
4	通天閣	P.13, 70
113	津波・高潮ステーション	P.73
120	堂島大橋改良事業	P.75
28	堂島サンボア	P.25
37	堂島ビルヂング	P.31
51	東畑建築事務所本部・ 本社オフィス大阪（新高麗橋ビル）	P.35, 39
D	都住創内淡路町	P.51
91	丼池繊維会館	P.57, 70
88	長瀬産業株式会社大阪本社ビル	P.56, 70
F	中谷運輸築港ビル（旧商船三井築港ビル）	P.81
119	中之島橋梁群	P.75
26	中之島フェスティバルタワー	P.25
27	中之島フェスティバルタワー・ウエスト	P.25
23	中之島三井ビルディング	P.23
127	中浜新ポンプ棟	P.76
97	浪花組本社ビル	P.27, 62
101	南海ビル（髙島屋大阪店ほか）	P.59, 64, 70, 71
45	日建設計大阪オフィス（銀泉横堀ビル）	P.35, 36
36	日本銀行大阪支店	P.26, 31, 70
100	日本橋の家	P.63, 84
59	日本圧着端子製造株式会社	P.43
29	日本基督教団大阪教会	P.28
90	日本基督教団島之内教会	P.57
74	日本基督教団天満教会	P.50

生きた建築ミュージアムフェスティバル大阪 2019

番号	名称	掲載ページ
53	日本基督教団浪花教会	P.40
17	日本聖公会川口基督教会	P.21
42	日本生命保険相互会社本館	P.33, 70
46	日本設計関西支社（大阪興銀ビル）	P.35, 36
ね 114	寝屋川北部地下河川 守口立坑	P.73
は 73	長谷工コーポレーション （辰野平野町ビル）	P.49
134	ハドソンストリート1947 （北浜ゲイトビル8階）	P.80
93	原田産業株式会社大阪本社ビル	P.60, 70, 88
9	播谷商店	P.16, 86
15	阪急百貨店（シャンデリアテーブル）	P.20, 58
122	阪急連続立体交差事業	P.75
ひ 126	東横堀川水門	P.76
123	平野下水処理場	P.75
ふ 連	フジカワビル［丸一商店］	P.82
55	伏見ビル	P.40, 70
54	伏見町 旧宗田家住居 ［CuteGlass Shop and Gallery］	P.40. 70
ほ 70	本願寺津村別院［北御堂］	P.48
連	本町ガーデンシティ	P.85
ま 130	舞洲スラッジセンター	P.77
12	マヅラ（大阪駅前第1ビル）	P.19
み 117	水の館ホール（ハナミズキホール）・ 鶴見スポーツセンター	P.74
102	味園ユニバースビル	P.64, 70
63	三井住友銀行 大阪中央支店・天満橋支店	P.44, 70
34	三井住友銀行大阪本店ビル	P.30, 70
50	三菱UFJ銀行大阪ビル本館	P.26, 38, 70, 71
124	御堂筋	P.76
71	御堂筋三井ビルディング	P.48

番号	名称	掲載ページ
72	御堂ビル［竹中工務店大阪本店］	P.27, 49, 78
81	ミライザ大阪城（大阪城公園内）	P.53, 70
め 132	綿業会館	P.47, 70, 79
も 83	もりのみやキューズモールBASE	P.27, 54
や 109	八木市造邸	P.68
77	安井建築設計事務所本社ビル	P.35, 51, 88
76	山本能楽堂	P.50, 71
ゆ 68	輸出繊維会館	P.47
よ C	吉田理容所	P.47
78	讀賣テレビ放送株式会社本社屋	P.52, 70
り 18	リーチバー（リーガロイヤルホテル）	P.21, 71
22	リバーサイドビルディング	P.23
る 75	ルポンドシエルビル［大林組旧本店］	P.50, 70

プレイベント

今年も、熱い、熱い、日本最大の建築フェスティバル「イケフェス大阪」の季節がやってきました。オープンハウスイベントで一歩先行く、世界の名だたる都市の仲間入りを果たし、鼻息も荒く、プレイベントからフルスロットルでのスタートです!

1 愛珠幼稚園 [国指定重要文化財]

所在地 中央区今橋3-1-11　建設年 1901年　設計 伏見柳、久留正道、中村竹松

→P.95　Ⅱ・エ・2

特別公開　　　　　　　　　　　　　　　　　　　　　　要申込

日時＝10月19日(土) ①13時〜 ②13時30分〜 ③14時〜
④14時30分〜 ⑤15時〜 ⑥15時30分〜 (各回約30分)
定員＝各20名／参加費＝無料　[申込方法] P.03参照

- 現役の幼稚園園舎のため、建物内部の写真撮影はできません。
- 園舎内のトイレは当日使用できません。
- 階段でしか移動できない場所があります。

瓦屋根の木造園舎は現存する日本最古の幼稚園園舎で、重要文化財に指定されている。創設したのは北船場の連合町会。大事なものをしっかり育む、大阪の知性を現している。

2 関西大学千里山キャンパス

所在地 吹田市山手町3-3-35　建設年 1953年以降　設計 村野藤吾 他

巨匠・村野藤吾と関西大学との関係は深い。戦後間もない1949年から晩年の1980年にかけて、千里山キャンパスで約40の建物を実現。その約半数が現存し、機能と立地を受け止めた多彩な表情を見せている。

建物からの一言 2018年度、千里山キャンパスはドコモモ選定建造物になりました!

photo. 橋寺知子

ガイドツアー　　　　　　　　　　　　　　要申込

村野藤吾設計・誠之館和室でのお抹茶とキャンパスの地形を楽しむツアー
日時＝10月24日(木) 13時30分〜 (約150分)
定員＝30名／参加費＝500円
案内人＝橋寺知子　[申込方法] P.03参照

- 参加費は誠之館和室での抹茶・お菓子代です。座敷で茶道部部員により呈茶いたします。
- 授業等で入れない所もあります。起伏があるので、歩きやすい靴でご参加下さい。

橋寺知子
はしてら ともこ

1965年神戸市生まれ。関西大学環境都市工学部准教授、博士(工学)。専門は近代建築史。著書(共著)に『関西のモダニズム建築—1920年代〜60年代、空間にあらわれた合理・抽象・改革』(淡交社)など。

3 大阪市中央公会堂 [国指定重要文化財]

所在地 北区中之島1-1-27　建設年 1918年　原設計 岡田信一郎　実施設計 辰野片岡建築事務所
→P.95

特別公開
今回は、特別室に天井画を寝そべりながら見ることができるスペースを設けます。
日時=10月24日(木) 18時～20時30分(最終入場20時)
会場=大集会室・中集会室・特別室／定員=なし／参加費=無料
・室内での飲食はご遠慮ください。・混雑時には、入場を制限することがあります。
・隣接するお部屋で催事があり、音漏れが想定されるため、ご了承ください。

スペシャルトーク
各部屋の魅力がもっと楽しめる、副館長によるスペシャルトークを実施します。
日時=10月24日(木) 19時～(約30分)
会場=中集会室
定員=なし／参加費=無料

岩本栄之助の寄付で作られ、気鋭の建築家・岡田信一郎や辰野金吾が遠目にも華やかなデザインを仕立てた。市民の力で守られ重要文化財となり、2018年に開館100周年を迎えた。

建物からの一言 壮麗な大・中集会室と特別室を特別公開。この日限りのプログラムもご用意！

ガイドブック特典 ガイドブック提示で、対象商品が100円引
(対象商品：ポストカードセット8枚入り／公会堂トートバッグ)
・提示場所=地下1階公会堂SHOP　・日時=10月24日、26日、27日
営業時間10時～18時(24日のみ20:30まで営業)

4 通天閣 [国登録有形文化財]

所在地 浪速区恵美須東1-18-6　建設年 1956年　設計 内藤多仲、竹中工務店
→P.98

会長スペシャルツアー [要申込]
日時=10月24日(木) 18時～(約60分)
定員=21名(小学生以上)／参加費=無料
案内人=通天閣観光株式会社 代表取締役会長
[申込方法] P.03参照
・階段でしか移動できない場所があります。
・高所が苦手な方はご遠慮ください。

銀色に輝く姿は、大阪の戦後の元気のシンボル。戦中に失われた「通天閣」を、地元商店街の人々などが出資して復活させた。初代のイメージから脱皮したいという地元の意向で、デザインは一変した。それがまた元気。

建物からの一言 会長のガイド付きで通天閣内を案内します。

5 オペラドメーヌ高麗橋 [高麗橋ビル]

所在地 中央区高麗橋2-6-4　建設年 1912年　設計 辰野片岡建築事務所
→P.95

大阪では中央公会堂が有名な明治時代の日本を代表する建築家、辰野金吾の事務所による赤煉瓦の小品。保険会社の社屋として建設されたが、フレンチレストランなどを経て、現在はブライダル会場として活用されている。

特別公開
日時=10月24日(木) 13時～16時
定員=なし／参加費=無料
・混雑時は入場を制限させていただきます。

6 大阪府立国際会議場 [グランキューブ大阪]

所在地 北区中之島5-3-51　建設年 2000年　設計 黒川紀章建築都市設計事務所

→P.94

要申込

**グランキューブ大阪ガイドツアー＆
中之島建築リバークルーズ**

日時＝10月22日(火・祝) 9時30分～(約150分)
定員＝40名(小学生以上)／参加費＝無料／案内人＝倉方俊輔
協力＝アートエリアB1　[申込方法] P.03参照
● 雨天の場合クルーズ・ヘリポート見学は中止、晴天の場合も前日の天候による
　潮位上昇等でクルーズ中止の場合があります。
● ヘリポートへは階段を使用しますのでハイヒール不可。

機械で分割できるメインホール、ドーム型の特別会議場、真っ赤な屋上のアンテナから江戸時代のデザインにヒントを得た机や椅子まで、設計者・黒川紀章の面白さが詰まった「グランキューブ」(大きな立方体)だ。

建物からの一言 来年4月で祝・20周年！中之島の美しい建築をめぐるリバークルーズを初開催！

A スペシャルツアー
旧網島御殿 スペシャルツアー

→P.99

要申込

日時＝10月24日(木) 14時30分～(約100分)／定員＝20名／参加費＝無料
見学建物＝ザ・ガーデンオリエンタル・大阪、太閤園淀川邸／案内人＝倉方俊輔　[申込方法] P.03参照

藤田男爵の美意識がうかがえる豪奢な邸宅を継承した太閤園淀川邸、モダンでリッチな大阪市公館を活用したザ・ガーデンオリエンタル・大阪。
大阪が誇る和洋の迎賓の館が、イケフェス大阪に初参加です。

▶ 太閤園淀川邸

▶ ザ・ガーデンオリエンタル・大阪

7 大阪市立大学 [国登録有形文化財(1号館)]

所在地 住吉区杉本3-3-138　建設年 1933〜1935年　設計 大阪市土木部建築課(伊藤正文)

ガイドツアー　[要申込]

日時＝10月24日(木) 11時〜(約120分)
定員＝25名(中学生以上)
参加費＝無料／案内人＝倉方俊輔
[申込方法] P.03参照
● 集合場所等詳細は、別途参加者にお知らせします。

倉方俊輔 くらかた しゅんすけ

1971年東京都生まれ。大阪市立大学大学院工学研究科准教授。建築史に関連する研究、執筆、批評をはじめ、人々にとって建築がより身近になるための活動に幅広く携わっている。日本建築設計学会幹事、住宅遺産トラスト関西理事、東京建築アクセスポイント理事ほか。著書に『神戸・大阪・京都レトロ建築さんぽ』『吉阪隆正とル・コルビュジエ』、共著に『大阪建築 みる・あるく・かたる』『伊東忠太建築資料集』などがある。

登録有形文化財となっている1号館をはじめ、旧図書館、2号館、体育館など、先進的なモダニズムの影響を受けた戦前期の学舎が今も現役。御堂筋の拡幅、御堂筋線の開通と並び、大大阪時代の構想力の大きさが分かる。

[建物からの一言] 有形文化財の1号館や、普段立入り出来ない場所もご覧頂きます。

B スペシャルツアー
M@M(モリムラ@ミュージアム)＋千鳥文化B棟

Ⅶ・イ → P.100

北加賀屋にまたひとつ、注目すべき施設が加わった。昨年11月にOPENした「M@M(モリムラ@ミュージアム)」は、世界的に著名な美術家 森村泰昌氏の私設ミュージアムで、元は家具工場の倉庫兼事務所として利用されていたもの。コミュニティースペース「千鳥文化」のB棟は2期工事が完了し、新たな情報発信拠点となる。元造船所エリアには、アーティスト向けシェアスタジオが本年度中にOPEN予定。まだまだ、北加賀屋から目が離せない。

◎ M@M外観(左) 同内観(右)

日時＝10月25日(金) ①13時30分〜 ②15時30分〜(各回約60分)
定員＝各30名／参加費＝ツアー無料、別途 M@M入館料300円(通常の半額)
[申込方法] P.03参照　● 歩きやすい靴でお越しください。　[要申込]
● 10/26,27、イケフェスガイドブック提示で入館料は300円になります。
　展示：「Mの肖像」作品を解く鍵はエムだ　会期＝第1期10月4日(金)〜12月22日(日)／毎週金・土・日／12:00-18:00

生きた建築ミュージアムフェスティバル大阪 2019

8 芝川ビル ［国登録有形文化財］

所在地 中央区伏見町3-3-3　建設年 1927年　設計・基本構造 渋谷五郎（意匠：本間乙彦）

→P.95

トークセミナー：発掘・芝川ビル物語 vol.1「ニッカウヰスキーと芝川家」 ［要申込］

2027年の芝川ビル竣工100年に向けて、建物の歴史を掘り下げる企画の第一弾。NHK「マッサン」の放映で一躍注目を浴びた「ニッカウヰスキー」と芝川ビルの関わりを、ニッカウヰスキーの試飲を交えてお話しいたします。目玉は2006年に芝川ビルで発見された戦後間もない頃のニッカウヰスキーの試飲！詳しくは芝川ビル公式サイトをご覧ください。

日時＝10月19日（土）13時30分〜15時（受付：13時〜）
　　　　　　　　　17時〜18時30分（受付：16時30分〜）
定員＝各60名（20歳以上）／参加費＝1500円
会場＝芝川ビル4階
主催＝千島土地（株）／協力＝ニッカウヰスキー（株）、鶴身印刷（株）

［申込方法］申込サイト（googleフォーム）にて
［人数制限］1通の申込につき2名まで
［必要事項］申込者氏名・年齢、メールアドレス、携帯電話番号、同伴者氏名・年齢
［締切］10月6日（日）まで　●未成年参加不可

芝川ビルでは、10月26日（土）・27日（日）にも、様々なプログラムを実施しています。詳しくは、P.38で。

9 播谷商店 ［国登録有形文化財］［大阪市地域魅力創出建築物修景事業 平成30年度モデル修景］

所在地 阿倍野区阪南町　建設年 1929年／2018年（改修）／2019年（修景）　設計 不明　内装・耐震・修景・設計 有限会社設計処草庵

提供：有限会社設計処草庵

ガイドツアー ［要申込］

日時＝10月19日（土）①13時30分〜 ②14時30分〜（各回約45分）
定員＝各15名／参加費＝無料／案内人＝植松清志　［申込方法］P.03参照
●建物の所在地が特定できる情報のSNSやWEBサイトへの掲載はおやめください。
●建物内部の写真撮影は不可です。

植松 清志　うえまつ きよし
1952年大阪市生まれ。大阪市立大学大学院生活科学研究科博士課程修了。元大阪市立大学客員教授。学術博士・一級建築士。建築史的立場から「大阪」を研究。その面白さを都市・建築・生活などの面から伝えたい。テーマは、蔵屋敷、民家、町家、大工、建築家の活動等。「交野市の建築文化財」、「新田会所の建築-加賀屋新田と鴻池新田-」、「千早赤阪村の建築文化財」、「大阪都心の社寺めぐり」、「船場の木造建築」、共著「平野区誌」他。

角地に建つ昭和初期の町家。1階は石張りの腰壁上部に連続する格子窓、下屋は銅板葺に一文字瓦、外壁は黒タイル、箱軒、高い2階の豪壮な外観である。隣接する土蔵の外観との比較から、近代町家の特徴が窺われる。

［建物からの一言］大阪市の補助制度を活用したモデル修景建物。外壁タイルは、一度外して元に戻す「生け捕り」が行われ、1082枚が残されました。

10月19日（土）に、播谷商店ガイドツアーを含むまちあるきも実施します。詳しくはP.86へ。

大阪市地域魅力創出建築物修景事業

公式ツイッターはこちら→

2017年度にスタートした大阪市の取組み。「修景（しゅうけい）」（建物の外観を魅力的に整えること）を促進し、地域魅力の創出・向上をめざすものです。5件のモデル修景が完成し、今年のイケフェスには2件 9 91 が参加。まだまだ知られていない大阪の宝物に出会える機会が増えていく予感にワクワクします。

この他にも、プレ期間中のプログラムとして 56 青山ビル（P.41, 87）、87 立売堀ビルディング（P.56）、100 日本橋の家（P.63）、101 南海ビル（髙島屋大阪店ほか）（P.64）、120 堂島大橋改良事業（P.75）、121 JR東海道線支線地下化（P.75）、122 阪急連続立体交差事業（P.75）、大阪＜生きた建築＞映画祭（P.82）、Architects of the Year 2019（P.84）、JIA近畿支部 建築週間（P.85）、大阪建築コンクール受賞者講演会（P.86）、あべのってpresentsスペシャルツアー（P.86）が開催されます。

オープンハウスワールドワイド
Open House Worldwide（OHWW）ってなに??

今年から生きた建築ミュージアム大阪実行委員会が加盟した「オープンハウスワールドワイド Open House Worldwide」(以下、OHWW)は、1992年にロンドンで始まった建築物等の一斉無料公開イベント、オープンハウス・ロンドン(Open House London)の主催団体「オープン・シティ Open-City」を中心とした国際的なネットワークです。

企画運営のノウハウや課題の共有を行うことを目的に2010年に設立され、現在、欧米を中心に46都市が加盟しています。OHWWのホームページ(http://www.openhouseworldwide.org/)には、各都市のオープンハウスの開催情報が掲載されており、そこに日本の都市として初めて、「Open House Osaka」も加わります。

オープンハウス・ロンドン2018 視察の様子
↑ シティ・ホール(ロンドン市庁舎) 議場 公開の様子

↑ フリーメイソンズ・ホール 公開の様子

↑ OHL視察団の面々

2016クロージングシンポジウムの様子
「まちを開く"一斉公開イベント"から都市の未来を考える」では、オープンハウスロンドンの創始者ビクトリアソーントンさんをお迎えして、シンポジウムを開催しました。

生きた建築ミュージアムフェスティバル大阪2019

メインイベント

さあ、準備はいいですか？ついに怒涛のメインイベント期間に突入です。
史上最高、全169件の生きた建築が参加する今年のイケフェス大阪。
定番の公開プログラムとあわせて、「百貨店」や「設計ロード」、「こどもスペシャル」など5つの特集、
家族みんなで楽しめるワークショップやスタンプラリー等など、全223のプログラムをご用意しました。
ガイドブックを携えて、大阪のまちへ出かけましょう。
生きた建築とそれらを支える人たちが、扉を開いて、みなさんを待っています。

10 梅田スカイビル（新梅田シティ）

所在地 北区大淀中1-1-88　建設年 1993年　設計 原広司＋アトリエ・ファイ建築研究所

I・ア・2
→P.93

ガイドツアー　要申込

日時＝10月26日（土）10時30分〜（約75分）
定員＝15名（小学生以上）／参加費＝無料
案内人＝ビル管理会社 運営事業部 部長
［申込方法］P.03参照

- 本ツアーは空中庭園展望台（40階、屋上階）へはまいりません。
  展望台の入場は1,500円が必要です。
- 施設内外を歩いて巡ります。動きやすい服装・靴でお越しください。

シルエットですぐにそれと分かる。そんな建築が日本にどれだけあるだろう？建築家の原広司に設計を託して、近くで見ても多様な造形。2棟をつなぐ部分は地上で建設され、1日で持ち上げられた。建設技術もすごい。

［建物からの一言］海外からの評価も高い『梅田スカイビル』。連結超高層ビルをまるごとご案内。

11 大阪富国生命ビル

所在地 北区小松原町2-4　建設年 2010年　設計 清水建設株式会社、ドミニク・ペロー

I・ウ・2
→P.93

ガイドツアー　要申込

日時＝10月26日（土）
　　　①10時〜 ②11時〜（各回約50分）
定員＝各20名（中学生以上）／参加費＝無料
案内人＝前田茂樹
［申込方法］P.03参照

前田 茂樹
まえだ しげき

大阪大学建築工学科卒業、東京藝術大学大学院中退。DPA（ドミニク・ペロー・アーキテクチュール）に2000年〜2010年勤務し、大阪富国生命ビルを担当。現在は大阪市にジオグラフィック・デザイン・ラボを設立し、個人住宅から公共建築まで幅の広い設計を手掛けている。http://ggdl.net/

フランスの世界的建築家ドミニク・ペローの発想から作られた。彼にとっては、複雑な地下街と接続する超高層ビルという条件が新鮮で、したがって、それをつなぐ吹き抜けに力が注がれた。外観は樹木になぞらえたもの。

12 マヅラ（大阪駅前第1ビル）

所在地 北区梅田1-3-1 大阪駅前第1ビルB1F　建設年 1970年　設計 祖川尚彦建築事務所

I・イ・3
→P.93

休日特別営業　日時＝10月27日（日）12時〜17時30分
- 10月26日（土）9時〜18時は通常営業しています。
- 内部見学のみを目的とした店内への立入はできません。喫茶をご利用ください。
- 店頭では、特別写真展〜懐かしのマヅラ〜も開催中です！

そのデザインから近年再評価の著しい喫茶店「マヅラ」のコンセプトはずばり「宇宙」。1970（昭和45）年という時代と相俟って、唯一無二の空間が生みだされた。90歳を超えたオーナーが現役なのも素晴らしい。

13 King of Kings（大阪駅前第1ビル）

所在地 北区梅田1-3-1 大阪駅前第1ビルB1F　建設年 1970年　設計 沼田修一

I・イ・3
→P.93

特別公開
日時＝10月26日（土）10時〜12時／定員＝なし／参加費＝無料
- 10月26日（土）12時〜23時は通常営業時間です。この時間は内部見学のみを目的とした店内への立入はできません。バー・喫茶をご利用ください。

有名喫茶店マヅラの姉妹店で、同じ1970（昭和45）年にオープンしたバー。宇宙的なインテリアはほぼ当時のままで、大阪万博の時代の雰囲気を強く感じさせる。壁一面のガラスモザイクタイルがなんとも幻想的。

建物からの一言　当時の内装設計のご担当者が登場します！貴重なお話も楽しんで。

14 スリープカプセル［カプセルイン大阪］

所在地 北区堂山町9-5　建設年 1979年　設計 黒川紀章建築都市設計事務所

I・ウ・2
→P.93

都会的な宿泊施設として今、注目されているカプセルホテル。その第一号がここ。考案者が黒川紀章に設計させた最初のスリープカプセルが健在だ。曲面の構成や手元で操作できる機械類など、未来のイメージが新鮮。

建物からの一言　今年は参加条件なし！さあ、憧れの大人の男の世界『スリープカプセル』に飛び込もう！

ガイドツアー　日時＝10月27日（日）14時〜（約90分）／定員＝25名／参加費＝無料
案内人＝倉方俊輔（P.15参照）　［申込方法］P.03参照

要申込

15 阪急百貨店（シャンデリアテーブル）
所在地 北区角田町8-7

→P.93　Ⅰ・イ・2

特別公開
日時＝10月26日(土)・27日(日)
　　　両日とも11時～17時
定員＝なし／参加費＝無料

- お店が混み合っている場合は、入店をお断りする場合があります。
- 両日とも営業中です。レストランのご利用も可能です。
- 天井壁画を撮影される場合は、ほかのお客様の映り込みにご配慮ください。

▲モザイク壁画

建て替え前の阪急ビルのコンコースのアーチ型天井を再現。西洋とも東洋とも決め付けられない龍・天馬・獅子・鳳凰の図柄で、阪急電車の快速と威力を象徴している。まさにユーラシア大陸を踏破した伊東忠太らしいデザイン。

ガイドブック特典 ランチメニューをご利用された方に、ミニデザートサービス
・提示場所＝ランチメニューご注文時　・日時＝特別公開の日時に準ずる。　・1冊のご提示につき1名

16 大阪梅田ツインタワーズ・サウス（梅田1丁目1番地計画）
所在地 北区梅田1-1　建設年 [1期]2018年／[2期]2022年　設計 日本設計(基本計画・特区申請・基本設計)、竹中工務店(設計・監理・施工)

→P.93　Ⅰ・イ・3

ガイドツアー：事業主及び設計施工者によるご案内　**要申込**

日時＝10月26日(土)
　　　14時～(約90分)
定員＝30名(高校生以上)
参加費＝無料
[申込方法] P.03参照

- 服装は長袖長ズボンとし、スカートやハイヒールでの参加はご遠慮ください。
- 現場内での写真撮影は禁止です。
- 貸出ヘルメットを必ず着用してください。

大阪神ビルディングと新阪急ビルの一体的な建て替え。2018年にⅠ期棟がオープンし、2022年春に全体竣工が予定されている。周辺公共施設のバリアフリー化などを通じ、ますます多彩な人々が行き交う梅田を後押し。

建物からの一言 Ⅱ期棟新築工事に着工したばかりの建設現場をご覧いただけます。

17 日本聖公会川口基督教会 [府指定有形文化財]

所在地 西区川口1-3-8　建設年 1920年　設計 ウィリアム・ウィルソン

Ⅲ・イ・1
→P.96

特別公開
日時=10月26日(土) 9時30分〜17時/定員=なし/参加費=無料

川口フェスタ
有料で飲食を中心にお楽しみいただけるバザーです。
日時=10月27日(日) 12時15分〜16時
● ①13時30分〜　②15時〜の2回、聖堂案内を実施します。

パイプオルガン・コンサート
日時=10月27日(日) 14時〜15時
定員=なし/参加費=無料

● 礼拝堂内での飲食はご遠慮ください。

かつて外国人居留地だった川口に建つ教会は、ゴシック様式をもとにしたイギリス積レンガ造で、礼拝堂の屋根を支える木製のシザーズ・トラスが空間に緊張感を与えている。施工は大阪教会と同じ岡本工務店が担当した。

建物からの一言 築後100年のレンガ造りの礼拝堂です。ステンドグラスも美しい。

18 リーチバー (リーガロイヤルホテル)

所在地 北区中之島5-3-68　建設年 1965年　設計 吉田五十八

Ⅱ・ア・2
→P.94

日本の民藝運動に影響を与えた陶芸家バーナード・リーチの着想をもとにした寛げる空間。重厚なナラ材の床、味のある煉瓦、曲木の椅子やテーブル、河井寛次郎や濱田庄司など大家の作品が、贅沢に取り合わされている。

建物からの一言 陶芸家バーナード・リーチの奔放な着想を忠実に再現した、開業当初より変わらぬ装いのコテージ風のメインバーです。

ガイドブック特典
次回ご来店時に使える割引券プレゼント！
● 日時=10月26日・27日 11時〜24時(L.O.23時45分)　● 内部見学のみを目的とした店内への立ち入りはできません。
● ワンドリンク注文をお願いいたします。　● 1冊のご提示につき1枚贈呈。

TOPIC 生まれ変わったメインロビー

2019年6月の「G20大阪サミット」を機に、お客様をお迎えする「顔」である1階メインロビーの絨毯、照明、サインなど空間全体を"伝統と革新"をテーマにリニューアルしています。現代のクリエイターたちが吉田五十八氏の思想やホテルの歴史を紐解きながら、最新の技術やデザイン思想を融合させ、現代に蘇った空間をお楽しみください。

1973年 新館(現タワーウイング)開業時

2007年 リニューアル時

2019年6月 リニューアル後

19 大阪中之島美術館

所在地 北区中之島4-32-14　建設年 2021年竣工予定　設計 大阪市都市整備局、株式会社遠藤克彦建築研究所

II・イ・2
→P.94

宙に浮いた黒いキューブが周辺の人の流れとつながり、内部には吹き抜け空間が巡る。2017年のコンペによって、中之島の新たな象徴となるデザインが選定された。2021年度の開館をめざして工事中。

建物からの一言 2019年2月より工事を開始しました。現在は基礎工事を行っており、2021年度中に開館の予定です。

◉大阪中之島美術館 外観イメージ
設計：株式会社遠藤克彦建築研究所

大阪中之島美術館 工事現場見学会　[要申込]

日時＝10月27日(日) ①9時～ ②10時30分～(各回約60分)／定員＝各30名(中学生以上)／参加費＝無料
案内人＝大阪中之島美術館準備室 室長、遠藤克彦建築研究所 遠藤 克彦、
　　　　錢高・大鉄・藤木特定建設工事共同企業体 現場代理人　[申込方法] P.03参照
- 場内は階段でしか移動できない場所があります。また、駐車場、駐輪場はありません。
- 場内では現場係員の指示に従って下さい。雨天時は現場事務所からの見学となります。

20 遠藤克彦建築研究所大阪オフィス (江戸堀辰巳ビル)

所在地 西区江戸堀1-22-29　改修設計 遠藤克彦建築研究所

II・イ・3
→P.94

特別公開

日時＝10月26日(土)・27日(日)
　　　両日とも10時～17時30分
定員＝なし／参加費＝無料
- 3階オフィス部分のみの公開です。他の場所への立ち入りはご遠慮ください。
- 展示物には手を触れないでください。また、一部撮影不可となっておりますので、撮影の際はお近くの係りの者にお尋ねください。

遠藤克彦
えんどう かつひこ

1970年横浜市生まれ。1992年武蔵工業大学(現 東京都市大学)工学部建築学科卒業。1995年東京大学大学院 工学系研究科 建築学専攻修士課程修了。1997年遠藤建築研究所設立。1998年同大学院博士課程退学。2007年株式会社遠藤克彦建築研究所に変更。現在日本大学大学院理工学系研究科建築学専攻 非常勤講師。東京都市大学工学部建築学科 非常勤講師。

「大阪中之島美術館」の設計者に選ばれた建築家が、建設地・中之島の近くに構えた建築設計事務所。倉庫をリノベーションした伸びやかで機能的な空間に、2021年度中の開館を目指すスタッフたちの熱意が満ちる。

建物からの一言 現場が進行中の「大阪中之島美術館」は細部検討用の巨大な1/50模型を展示します。

設計事務所連携企画「セッケイ・ロード」も実施。詳しくはP.34へ。

21 ABC本社ビル

所在地 福島区福島1-1-30　建設年 2008年　設計 隈研吾(隈研吾建築都市設計事務所)、NTTファシリティーズ

→P.94

ガイドツアー：放送局のウラ側見学　[要申込]

日時＝10月26日(土)
　　　①13時～　②15時30分～(各回約90分)
定員＝各15名(小学生以上)／参加費＝無料
案内人＝総務局OPEN↑(アップ)推進部 スタッフ
[申込方法] P.03参照
- 番組関係者の撮影、会話などはご遠慮ください。
- ガイドの指示に従ってください。

再生木材を使用した千鳥格子のルーバーは、設計チームに加わった隈研吾らしいデザイン。堂島川沿いの広場に面して、公開番組の収録を行う多目的ホールが設けられ、広場と市民と放送局との接続が試みられている。

[建物からの一言] 地震に備えた地下免震構造などもご覧いただく予定です。

22 リバーサイドビルディング [国登録有形文化財]

所在地 北区中之島3-1-8　建設年 1965年　設計 岸田建築研究所(岸田日出刀)

→P.94

トークセミナー「建物の特徴と建設に至るまで」　[当日先着]

日時＝10月26日(土)・27日(日) 両日とも
　　　①10時～　②11時～　③13時30分～　④14時30分～(各回約30分)
定員＝各25名／参加費＝無料
出演者＝co-ba nakanoshimaオーナー、建物オーナー

土佐堀川に沿って微妙に湾曲するシルエットが印象的なオフィスビル。設計は東京大学教授を務め、丹下健三など著名な建築家を輩出した岸田日出刀の事務所。この時代らしい水平連続窓からの川の眺めが素晴らしい。

[建物からの一言] 昭和40年4月竣工　未だ54歳の登録有形文化財です。

23 中之島三井ビルディング

所在地 北区中之島3-3-3　建設年 2002年　設計 シーザーペリ アンド アソシエイツ

→P.94

デザインアーキテクトを務めたのは、世界の多くの超高層ビルをデザインしたシーザー・ペリ。曲面と金属素材を駆使して織り上げられた張りのある表皮に、今年7月に92歳で没した巨匠の名がサインされている。

[建物からの一言] 今夏リニューアルオープンしたカフェテリアやワーカー専用のフリースペースなど最新のワークプレイスをご案内します。

ガイドツアー　[当日先着]

日時＝10月26日(土)
　　　①9時30分～　②11時30分～
　　　③14時30分～(各回約90分)
定員＝各20名(小学生以上)
参加費＝無料
- 受付は1階エントランス各回10分前より開始。

24 ダイビル本館

所在地 北区中之島3-6-32　建設年 2013年（旧ダイビル本館 1925年）　設計 日建設計（旧ダイビル本館 渡邊建築事務所）

→P.94　Ⅱ・イ・2

ガイドツアー　[当日先着]

日時＝10月26日(土)
　①14時～　②14時30分～
　③15時～　④15時30分～
　（各回約20分）
定員＝各20名／参加費＝無料
案内人＝ダイビル関係者

- 整理券が必要です。受付は1階エントランスホールにて13時30分より開始。
（全4回の配布を同時に行います。）
- ダイビルサロン内での写真撮影はご遠慮ください。

こども向けガイドツアー＆ワークショップ　[要申込]

クイズありの楽しいガイドの後は、ペーパークラフトで世界に一つだけのダイビルを作ろう！
日時＝10月26日(土) 10時～（約100分）
定員＝15組30名
（3歳以上の園児または小学生とその保護者各1名）
参加費＝無料／案内人＝ダイビル関係者
協力＝㈱大林組　[申込方法] P.03参照

- 簡単な色付け作業がありますので汚れても良い服装でお越しください。

通りに面して彫りの深い装飾を配し、彫刻家・大蔵貞蔵の「鷲と少女の像」が玄関上部に乗る。壮麗な玄関ホールや外壁も含め、大正時代のビルの内外装を新ビルに丁寧に継承。物語性のある雰囲気を界隈に提供している。

[建物からの一言] 恒例のダイビル関係者によるガイドツアーと、今年もこども向けワークショップを実施します。

- 両プログラムとも、参加者には記念品をプレゼント！

25 サントリービル

所在地 北区堂島浜2-1-40　建設年 1971年　設計 安井建築設計事務所

→P.93　Ⅰ・イ・4

ガイドツアー　[当日先着]

日時＝10月26日(土)
　①10時～12時、②13時～15時
定員＝なし／参加費＝無料

- 受付は1Fロビー受付にて10時より開始。
- 受付順に10人ずつのグループでのご案内となります。受付後ご案内までお待ちいただくことがあります。予めご了承ください。

堂島川に架かる渡辺橋の北詰に建つサントリーの本社ビルは、高さ規制31mの高度経済成長期に竣工した8階建。飲料メーカーらしい青みがかった大きなガラスと、引き締まった濃色のメタルカーテンウォールの組み合わせが、古さを感じさせない爽やかな印象を与えている。

[建物からの一言] 7F応接フロアと屋上庭園、稲荷社をご覧いただきます。

26 中之島フェスティバルタワー
所在地 北区中之島2-3-18　建設年 2012年　設計 日建設計

2700人収容の大ホールにオフィスを載せた大胆な構造。その迫力は13階のスカイロビーに現れている。大階段の先に設けられたフェスティバルホールは、優れた音響特性で知られた旧ホールを最新技術で進化させた。

建物からの一言 今年もフェス大階段がステージに。箕面自由学園高吹奏楽部が登場！

コンサート 日時＝10月27日(日) ①11時～ ②14時～(各回約45分)／定員＝なし／参加費＝無料
- 観覧スペースは限られており、原則立見となります。

27 中之島フェスティバルタワー・ウエスト
所在地 北区中之島3-2-4　建設年 2017年　設計 日建設計(構造・設備設計協力：竹中工務店)

ガイドツアー　**当日先着**
日時＝10月27日(日) ①11時～ ②13時～(各回約45分)
定員＝各20名／参加費＝無料／案内人＝朝日ビルディング社員
- 受付は3階エントランスにて各回10分前より開始。 ● 北側の直通エスカレーターでお越しください。

ツインタワーでは国内最高を誇る高さ200mのビルは、ホテル、オフィス、美術館などが入る超複合ビル。丸みを持たせたシルエットは、朝日ビルの伝統を継承したデザイン。夜景では縦のストライプが更に強調される。

建物からの一言 ツインタワーの西棟。ビル内にはコンラッド大阪や中之島香雪美術館も。

28 堂島サンボア
所在地 北区堂島1-5-40　建設年 1955年　設計 川島宙次

外観はイギリスの民家などに用いられるハーフティンバースタイル。むき出しの木の味わいは内部にも連続し、カウンターで磨き上げられた真鍮の肘掛けと足掛けが美しい。時間が醸し出した寛ぎのデザインを味わいたい。

建物からの一言 今年は営業時間前に定員なしで公開します！大人の社交場をちょっぴり覗いてみては。

特別公開 日時＝10月26日(土) 13時～14時／定員＝なし／参加費＝無料

特集1 こどもスペシャル

イケフェス大阪、不変のテーマの1つ、「こども」。
生きた建築に触れる体験の中で、大人には見つけられない、たくさんの「なぜ?」、「どうして?」、「そうなんだ!」に出会えるはず。まずは、2か所のインフォメーションでバイザーをゲットしてスタンプラリーに出かけよう!他にも多くのプログラムが待っている。
作る、見つける、知る、考える、嗅ぐ。五感をフル稼働させ、全力で楽しもう!きっと建築が好きになる。
お父さん、お母さんも一緒に!

ワークショップ　作る・見つける

つくって・かぶって・めぐってもらおう!
ビルが描いてある紙製のバイザーに、色を塗るワークショップです。
完成したバイザーをかぶってスタンプラリーに参加すると、
各日先着100名にとっておきのプレゼントがもらえます。

日時=10月26日(土)・27日(日) 両日とも10時~16時
場所=64 大阪証券取引所ビル1階アトリウム、50 三菱UFJ銀行大阪ビル本館 1階ギャラリーラウンジ
定員=なし(バイザーがなくなり次第終了)/参加費=無料

こどもツアー　知る・考える

恒例のこどもツアー。今回は中之島にある近代建築を中心に巡ります。
建築のいろんな見方・ふれ方などを、倉方俊輔がわかりやすく解説します。

日時=10月26日(土) 15時30分~(約90分)
定員=10組20名(小学校1~3年生と保護者各1名のペア)
参加費=無料/案内人=倉方俊輔(P.15参照)
コース=3 中央公会堂、40 中之島図書館、36 日本銀行大阪支店 ほか

昨年の様子 →

3 大阪市中央公会堂

40 大阪府立中之島図書館

36 日本銀行大阪支店

おすすめプログラム ～みんなで楽しもう！～

作る・考える

ペイントワークショップ →P.39
52 関西ペイント本社ビル

2つのパズルピースで →P.29
アートピースを作ろう
32 久米設計大阪支社

左官体験 →P.62
97 浪花組本社ビル

カンナがけ体験 →P.66
106 大阪くらしの今昔館

知る・考える

こども向けクイズラリー＆施設レクチャー →P.54
83 もりのみやキューズモールBASE

作る・嗅ぐ

大工さんとカンナ削り・お箸作り体験 →P.49
未来と遊ぼう
72 御堂ビル［竹中工務店大阪本社］

作る・見つける

こども向けガイドツアー＆ワークショップ →P.24
24 ダイビル本館

昨年の様子

72 御堂ビル

24 ダイビル本館

52 関西ペイント

COLUMN　総合学習としての建築
倉方俊輔（15ページ参照）

建築には、さまざまな教科が潜んでいます。建物や都市は意外と幾何学で成り立っています。「算数（数学）」です。どのように構造が安定しているか、地球環境との関係はどうか。これは「理科」です。建てる人や使う人の広がりを想起させ、歴史に想いを馳せさせるのは「社会」かと。そんな事柄を主体的に調べ、まとめ、表現するのは「国語」。中でもこれからの国際化社会にふさわしい力ではないでしょうか。「図画工作（美術）」の実践であり、鑑賞であり、自律した生活者のための「技術・家庭」でもあります。

こどものためのプログラムを「イケフェス大阪」では重視してきました。見る、考える、作る、体験する…さまざまな活動を通じて、建築が学校の科目と重なっていること、いやそれ以上のものであることを発見していきましょう。

こどもは専門家にとっても、それ以外の方にとっても、先生だと思います。大人が、ともすると見失ってしまう建築の総合性を思い出させてくれる存在。私たちが協働してつくる建築の未来のために、大人と、次の大人のご参加をお待ちしています。楽しんでください。

29 日本基督教団大阪教会 [国登録有形文化財]

所在地 西区江戸堀1-23-17　建設年 1922年　設計 ヴォーリズ建築事務所(ウィリアム・メレル・ヴォーリズ)

Ⅱ・イ・2
→P.94

教会を得意としたW・M・ヴォーリズによる、赤煉瓦のプロテスタント教会。簡素なロマネスク様式で、正面玄関上のバラ窓と6層の塔が象徴的。阪神淡路大震災で被害を受けたが、見事に修復された。

建物からの一言 教会バザーを同時開催。パイプオルガン演奏もあります。

特別公開
日時=10月27日(日) 12時〜15時／定員=なし／参加費=無料
● 13時からと14時から建物解説とパイプオルガンの演奏があります。

30 江戸堀コダマビル [旧児玉竹次郎邸] [国登録有形文化財]

所在地 西区江戸堀1-10-26　建設年 1935年　設計 岡本工務店(山中茂一)

Ⅱ・イ・2
→P.94

特別公開
日時=10月26日(土)
10時〜18時
定員=なし／参加費=無料

写真展「Misc in osaka seasons 2019」
魅力的な大阪の町並み写真展
日時=10月26日(土) 10時〜18時
定員=なし／参加費=無料

綿布商を営む児玉竹次郎の本宅として建てられた。設計施工を担当した岡本工務店はヴォーリズと関係が深く、スパニッシュに和風を折衷したデザインとなっている。かつては背面に江戸堀川が流れていた。

ガイドブック特典
「江戸堀コダマビルリーフレット」を無料でプレゼント！
・提示場所=2階事務所
・日時=特別公開の日時に準ずる。
・一人につきリーフレット1冊まで。

建物からの一言 ビル内部を「大正・昭和の家庭用品展示室」とともに特別無料公開！

31 アートアンドクラフト大阪ショウルーム＆オフィス (大阪装飾ビル)

所在地 西区京町堀1-13-24-1F　建設年 1972年／2009年(リノベーション)　設計 株式会社アートアンドクラフト

Ⅱ・イ・3
→P.94

1994年に設立された時には、今のように「リノベーション」が日常的な言葉になったり、建築と不動産がつながったり、個性的な宿泊施設が運営されたりするとは想像できなかった。時代を切り開いた遊び心が、事務所の雰囲気からも伝わる。

Photo. Ai Hirano

スリフトショップ「まだがんばらせてください」開店！
解体現場から発掘してきた古道具や金物などを販売します。
日時=10月26日(土)・27日(日) 両日とも10時〜17時
定員=なし／参加費=無料
● 混雑時には、入場を制限させていただく可能性があります。
● オフィス部分の撮影はご遠慮ください。

ガイドブック特典
アメリカ統治時代のモーテルをリノベーションしたデザインホテル、SPICE MOTEL OKINAWAの宿泊料10％オフチケットプレゼント！
・提示場所=ショウルーム入口　・日時=プログラム実施日時に準ずる。
・先着100名　・1冊のご提示につき1枚贈呈。

建物からの一言 靱公園沿いのリノベーションオフィスを初公開！

32 久米設計大阪支社(パシフィックマークス肥後橋)

所在地 西区江戸堀1-10-8 9F　建設年 1983年　設計 久米設計

→P.94　Ⅱ・イ・2

古市団地

展示「久米権九郎と大阪」
日時＝10月26日(土)・27日(日) 両日とも10時〜17時
定員＝なし／参加費＝無料

- 戦後復興の集合住宅のプロトタイプとなる『大阪市営古市住宅団地』の紹介。千里山団地、桐ヶ丘団地、汐見台団地など原図(コピー)や写真などの展示。
- 久米設計、創設者である久米権九郎の経歴紹介。
- ドイツ・イギリスで建築を学び発案した『久米式耐震木構造』の紹介。
- 三井家別邸、城山荘、日光金谷ホテル、軽井沢万平ホテルなどの資料展示。
- 久米設計のDNAである『久米式耐震木構造』を発展させたLCB(Life Continuity Building生活持続建築)の紹介。

戦後の団地計画に大きな足跡を残した建築家、久米権九郎が創立した組織設計事務所・久米設計が、新たにイケフェス大阪へと参加。セッケイロードが更に充実。

建物からの一言　創設者久米権九郎が手掛けた大阪市営古市住宅団地や千里山団地などを紹介します。

ワークショップ：2つのパズルピースでアートウォールを作ろう

2つのパズルでアートをつくろう！

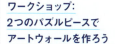

かき氷　富士山

二つのピースで無限の組合せをつくる楽しさ、『形をつくる』という建築につながる体験を提供。

日時＝10月26日(土)・27日(日) 両日とも13時〜17時
参加費＝無料　●パズルが無くなり次第終了

ガイドブック特典(抽選)
万平ホテルの「特製アップルパイ」、金谷ホテルの「クッキー」、「久米設計85周年記念誌」(学生向け)をプレゼント
- 提示場所＝9階受付
- 日時＝10月26日、27日 10時〜
- 1冊のご提示につき1回抽選、無くなり次第終了。

設計事務所連携企画「セッケイ・ロード」も実施。詳しくはP.34へ。

---

33 大同生命大阪本社ビル

所在地 西区江戸堀1-2-1　建設年 1993年　設計 日建設計、一粒社ヴォーリズ建築事務所

→P.94　Ⅱ・ウ・2

メモリアルホール休日特別開館
日時＝10月26日(土)・27日(日) 両日とも10時〜17時
定員＝なし／参加費＝無料
- メモリアルホールは、当地にあった大同生命旧肥後橋本社ビル(W・M・ヴォーリズ設計)の内外装の一部を用い、当時の様子を復元再生したものです。

ガイドツアー　要申込
日時＝10月26日(土)・27日(日) 両日とも16時〜(約40分)
定員＝各25名／参加費＝無料／案内人＝大同生命保険株式会社 社員
[申込方法] P.03参照　●ガイドツアーは19階展望回廊、南館地下等を巡ります。

大同生命の前身である加島屋の広岡家と親戚であったヴォーリズによって、1925(大正14)年に建てられたネオゴシック様式の近代建築を踏襲して建て替えられた。一部オリジナルのテラコッタが再利用されている。

建物からの一言　エントランスホールに建立された広岡浅子像もご覧いただけます。

34 三井住友銀行大阪本店ビル

所在地 中央区北浜4-6-5　建設年 [1期]1926年 [2期]1930年　設計 住友合資会社工作部

旧住友本社と連携各社の本拠の「住友ビルディング」として建てられた。装飾を抑制した黄褐色の外壁は、黄竜山石と大理石を砕いて混ぜた擬石。コリント様式の列柱に支えられた大空間は、現在も銀行の大阪本店営業部として使用されている。

建物からの一言　今年もステンドグラスがある応接ロビーや圧巻の営業フロアを特別公開いたします！

特別公開
日時=10月26日(土)・27日(日) 両日とも10時〜17時／定員=なし／参加費=無料
- 北玄関(土佐堀川沿い)よりお越しください。・写真撮影はステンドグラスの部屋のみ可です。・飲食はご遠慮ください。

休日特別ライトアップ
日時=10月26日(土)・27日(日) 両日とも日没〜21時／定員=なし／参加費=無料

35 住友ビルディング

所在地 中央区北浜4-5-33　建設年 1962年　設計 日建設計工務(現在：日建設計)

ガイドツアー　当日先着
日時=10月26日(土) ①10時〜 ②11時〜 ③13時〜 ④14時〜 ⑤15時〜 ⑥16時〜(各回約45分)
定員=各35名／参加費=無料
案内人=建物所有者及び管理者
- 整理券が必要です。受付は1階北側エレベーターホールにて9時45分より開始(先着順に全6回分を配布)。
- 雨天の場合は、屋上の案内を中止させていただきます。
- 写真撮影不可箇所もございますので、予めご了承下さい。
- 飲食はご遠慮下さい。

建物高さに制限があった高度経済成長期、面積確保のために横に広がって建てられた「マンモスビル」は、現在も賃貸オフィスビルとしてはフロア面積大阪最大。龍山石を用いた旧住友ビルに並ぶ白銀色の対比にも注目。

建物からの一言　2020年公開予定映画のロケ地候補となった11階大会議室をご案内します。

36 日本銀行大阪支店

所在地 北区中之島2-1-45　建設年 1903年／1980年　設計 辰野金吾ほか／日建設計

Ⅱ・ウ・2
→P.94

特別公開　要申込

日時＝10月26日(土) ①10時～ ②11時30分～
　　　　③13時50分～ ④15時20分～(各回約60分)
定員＝各50名／参加費＝無料　[申込方法] P.03参照

- 飲食、喫煙は禁止。
- 警備上の都合から、見学開始前に金属探知機等による携行品検査を行っております。

東京の日本銀行本店の7年後に完成した、同じ明治の大建築家・辰野金吾の作品。左右対称の毅然とした佇まい。中央ドーム内部の重厚なインテリアも見ものだ。移設して残された階段室とともに明治時代を体験できる。

[建物からの一言] 今年だけの特別企画！辰野金吾没後100年展示や学芸員による講話もご期待ください。

37 堂島ビルヂング

所在地 北区西天満2-6-8　建設年 1923年　設計 竹中工務店(藤井彌太郎)

Ⅰ・ウ・4
→P.93

特別公開

日時＝10月26日(土)・27日(日) 両日とも10時～16時
定員＝なし／参加費＝無料
公開部分＝3階：株式会社堂島ビルヂング オフィス
　　　　　6階：602号室(株式会社140B)、金庫室

- 602号室では、堂島ビルを特集したフリーマガジン「島民」(数量限定)を配布。
- 公開部分以外の場所への立ち入りや写真撮影はご遠慮ください。

御堂筋の拡幅工事よりも前に、絶対高さ制限の31mで建てられた。かつてはホテルや百貨店、倶楽部などが入居する複合ビルで、東京の丸の内ビルと比肩される存在だった。2度の改修で外観に面影はないが、躯体は当時のまま。

[建物からの一言] 御堂筋で最も古いオフィスビルです。竣工時のビルの模型などもご覧いただけます。

38 大江ビルヂング

所在地 北区西天満2-8-1　建設年 1921年　設計 葛野建築事務所(葛野壮一郎)

Ⅰ・ウ・4
→P.93

ガイドツアー　要申込

日時＝10月27日(日) 10時～(約60分)／定員＝20名／参加費＝無料
案内人＝遠藤秀平、倉方俊輔(P.15参照)　[申込方法] P.03参照

裁判所の近くの貸ビルは、弁護士事務所としての用途を見込んで建てられて、もうじき100年。いまだ現役。交差点に建つ外観は、シンプルで個性的な形それぞれが浮遊したような、大正時代の軽やかさを感じさせる。

遠藤秀平 えんどう しゅうへい	建築家。1960年生まれ。1986年京都市立芸術大学大学院修了。1988年遠藤秀平建築研究所設立。2007年～神戸大学大学院教授、2013年～天津大学客員教授。主な受賞歴に1993年アンドレア・パラディオ国際建築賞(イタリア)、2003年芸術選奨文部科学大臣新人賞、2004年第9回ヴェネツィアビエンナーレ特別金獅子賞(イタリア)、2010年公共建築賞、2011年IOC/IAKS Award2011(ドイツ)、2012年日本建築家協会賞、2016年建築学会教育賞など多数。

39 大阪弁護士会館

所在地 北区西天満1-12-5　建設年 2006年　設計 日建設計

→P.94　Ⅱ・オ・1

ガイドツアー　要申込

日時＝10月26日(土)
　①10時30分～ ②13時～ ③15時～(各回約60分)
定員＝各20名／参加費＝無料
案内人＝日建設計 設計部門スタッフ及び弁護士

[申込方法] P.03参照

- 会館内の人物及び近隣のマンション住戸内にカメラを向けないでください。
- 会議中の部屋がございますので、廊下ではお静かにお願いします。

「市民に開かれた弁護士会」というのが、この新会館の建設にあたって大阪弁護士会が決めたコンセプトの筆頭だった。吹き抜けのエントランスロビーは50mを超える長さ。美しい開放感で、開かれた姿勢を象徴する。

[建物からの一言] 最上階をご覧になれます。昨年よりツアー回数を増やしました。

40 大阪府立中之島図書館 [国指定重要文化財]

所在地 北区中之島1-2-10　建設年 [本館] 1904年 [左右翼棟] 1922年　設計 住友本店臨時建築部(野口孫市、日高胖)

→P.94　Ⅱ・エ・2

ガイドツアー　当日先着

日時＝10月26日(土) 11時～(約30分)
定員＝15名(小学生以上)／参加費＝無料
案内人＝中之島図書館 コンシェルジュ

- 受付は本館2階ライブラリーショップ内にて10時30分より開始。
- 小学生の場合は保護者同伴。・階段での移動となります。

住友家の寄付による図書館は、1世紀を超えて今も現役。住友に属した野口孫市、日高胖による設計は、当時の日本の古典主義様式の習熟度の高さを示している。2016(平成28)年からはカフェも開設された。

41 グランサンクタス淀屋橋

所在地 中央区今橋3-2-2　建設年 1918年／1929年／2013年　設計 辰野片岡建築事務所／(改修)國枝博／(建替)IAO竹田設計

→P.94　Ⅱ・エ・2

スペシャルティコーヒーの試飲販売

自家焙煎のスペシャルティコーヒーの試飲を行います。
コーヒーの淹れ方など説明しながら実際に目の前で抽出します。
この機会にお好みのコーヒーを是非見つけて下さい。

日時＝10月26日(土)・27日(日) 両日とも ①11時～12時 ②18時～19時
定員＝なし／参加費＝無料

- 器の撮影はご遠慮いただいております。店内の写真撮影の際はお気を付けください。
- 混雑時には入場制限やお時間をいただく場合がございます。予めご了承願います。
- マンション内は非公開です。立入はご遠慮ください。

近代建築の外壁を活かした分譲マンションは、全国的にも大変珍しい。最初は辰野金吾が設計し、10年後に國枝博が繊細な文様をもつテラコッタで外観を大改修、その壁を現代の法規に合わせて曳家して保存・活用した。

[建物からの一言] 器と生活のものの店「コホロ」と自家焙煎カフェ「ELMERS GREEN」の複合店です。

42 日本生命保険相互会社本館

所在地 中央区今橋3-5-12　建築年 [1期]1938年 [2期]1962年　設計 [1期]長谷部竹腰建築事務所 [2期]日建設計

Ⅱ・エ・2
→P.94

堂々とした変わらぬ姿で御堂筋に佇む生きた建築。装飾はほとんど無いが、全体のプロポーションを研ぎ澄ませ、隅を少し丸めるなど細部に配慮して、古典的な風格を街に与えている。この戦前の設計が持つ品位が隣の南館、裏手の東館の外観にも引き継がれている。

建物からの一言 関係者以外は入れないエントランスホールと貴重な資料が展示されたセミナールームを特別公開！

エントランスホール特別公開
日時＝10月26日(土)・27日(日) 両日とも12時〜14時
定員＝なし／参加費＝無料　●入口は御堂筋側です。

セミナールーム特別開放
日時＝10月26日(土)・27日(日)
両日とも12時〜15時
定員＝なし／参加費＝無料
●入口は大阪メトロ淀屋橋駅8号出口すぐです。

- 館内での飲食はご遠慮ください。●ゴミ等はお持ち帰りください。
- 多目的トイレはございません。●館内でのベビーカーのご使用はご遠慮ください。

43 今橋ビルヂング[旧大阪市中央消防署今橋出張所][国登録有形文化財]

所在地 中央区今橋4-5-19　建築年 1925年　設計 不詳

Ⅱ・ウ・2
→P.94

特別公開
日時＝10月26日(土)・27日(日)
両日とも10時〜11時、
15時〜16時
定員＝なし／参加費＝無料

休日特別営業
日時＝10月27日(日) 11時30分〜15時(L.O.14時)
(10月26日(土) 通常営業11時30分〜15時(L.O.14時)、
17時30分〜23時(L.O.21時30分))
●レストラン営業時間帯は内部見学のみはできません。
レストランをご利用ください。

かつて1階に消防車が止まっていた小さな消防署が再生され、イタリアンレストランに。2階と3階を貫くチューダー調のアーチが特徴。店名のダル・ポンピエーレはイタリア語で「消防士」の意味。

44 大阪倶楽部[国登録有形文化財／市指定有形文化財]

所在地 中央区今橋4-4-11　建築年 1924年　設計 片岡建築事務所(安井武雄)

Ⅱ・ウ・2
→P.94

ガイドツアー　[要申込]
日時＝10月26日(土)　①10時〜・②11時30分〜(各回約60分)
定員＝各24名／参加費＝無料　[申込方法] P.03参照

大阪倶楽部は幅広い業種、業界の社交倶楽部として設立。中之島図書館と同じ設計者による初代の会館が焼失した後に建てられた現在の会館は、大阪ガスビルなどを後に手がける安井武雄の出世作と、建築家も一流だ。

建物からの一言 大阪で最も歴史ある社交倶楽部です。大正モダニズムを是非体感ください。

特集 2　設計事務所連携企画
「セッケイ・ロード」～建築と街の未来へつづく道～

プログラム内容

展示「設計事務所スタッフが紹介する私のこの一冊！」

参加6事務所共通の展示企画として、各事務所スタッフの"人生に影響を与えた本・お薦めの本"を紹介。本を通して設計事務所で働く人の個性や各事務所の特色を見つけてみてください。

社長似顔絵スタンプラリー

目指せ！6事務所制覇！

設計事務所をめぐって、スタンプを4個以上集めると、**各日先着100名**にオリジナルグッズをプレゼント！似顔絵は日経アーキテクチュア編集長の宮沢さんによるものです。
プレゼントはイケフェス大阪インフォメーションセンター（P.108）でお渡しします。

COLUMN　イケフェス大阪によって見出された「セッケイ・ロード」
高岡伸一（69ページ参照）

イケフェス大阪では、「生きた建築」の公開に加えて、建築が「生まれる」現場である、建築設計事務所の公開にも力を入れてきました。どんな人たちがどのような環境で建築をデザインするのか、その現場の空気を体感し、また最新の設計技術やこれまでの実績の厚みに触れて頂くことで、建築設計という仕事の面白さを、知ってほしいと考えているからです。
昨年のイケフェス大阪で、面白い出来事がありました。建築の専門雑誌「日経アーキテクチュア」の編集長を務める宮沢洋さんは、毎年自らイケフェス大阪を取材してくださるのですが、事務所公開を重点的に回ってみようと計画したところ、公開されているオフィスが、東西の1本の道路沿いに、まるで惑星直列のように綺麗に並んでいることを発見します。実は私たち実行委員会も気付いていなかったこの事実に、宮沢さんは「セッケイ・ロード」という名称を与えてくれました。
大阪の中心市街地には、同業種が通りに軒を連ねて発展してきた歴史がありますが、高麗橋通を中心とするこの界隈は、昔から設計事務所が集積してきたわけではありません。しかしこの偶然を、生かさない手はありません。日頃はコンペなどでしのぎを削るライバル会社どうしが連携し、今年のイケフェスでは「セッケイ・ロード」をテーマにした共同企画が立ち上がりました。設計事務所といってもその個性はさまざまです。どの事務所からどんな建築が生まれてくるのか、ぜひセッケイ・ロードを辿ってみて下さい。

20 遠藤克彦建築研究所　→P.22	32 久米設計大阪支社　→P.29
大阪オフィス開設以来、3年連続でのオープンオフィス開催を大変嬉しく思っております。今年はいよいよ大阪中之島美術館の現場も始まり、事務所内には1/50スケールの大きな模型も展示しています。皆様のお越しをお待ちしております。	久米設計は、1932年に久米権九郎により創設された「アトリエ型組織設計事務所」です。創設者から脈々と受け継がれてきた、大規模開発、耐震・防災技術、グッドテイストのルーツを継承し、日々設計活動をしています。

45 日建設計大阪オフィス　→P.36	46 日本設計関西支社　→P.36
日建設計は、1900年創業、来年120周年を迎える建築設計事務所です。今年は「Visualize＋建築を伝えるちから」をテーマに、CGスタジオの多種多様な表現方法や技術、さらに制作の裏側まで本企画展でしか見ることのできない建築の世界を公開します。	日本設計は、「ひとを思い、自然を敬い、未来を想う」を創造の理念に掲げ、未来価値の共創する総合設計事務所です。建築、土木の設計・監理、都市計画・地域開発などの関連業務、リノベーション業務、コンサルティング業務を行っています。

51 東畑建築事務所　→P.39	77 安井建築設計事務所本社　→P.51
東畑建築事務所は、1932年に東畑謙三が大阪に開設した設計事務所です。お客様に真摯に向き合うことを旨とし、清新な建築をここから各地にお届けしてきました。私たちの活動や大切にする価値を、創業者が蒐集した書物等とともにご覧ください。	あたらしい建築ができあがってゆくプロセスは、人をワクワクさせ、心を前向きにさせます。1924年竣工の大阪倶楽部から始まった安井建築設計事務所は、これからも建築の持つやわらかくて強い力を信じてまいります。

生きた建築ミュージアムフェスティバル大阪 2019

45 日建設計大阪オフィス(銀泉横堀ビル)

所在地 中央区高麗橋4-6-2　建設年 1986年　設計 日建設計

→P.94

特別公開：日建設計CGスタジオ展「Visualize＋」
日時＝10月26日(土)・27日(日) 両日とも10時〜17時
定員＝なし／参加費＝無料

旧住友ビルを設計した住友本店臨時建築部を源流にもつ日本最大の建築設計事務所、日建設計のオフィスは、そこからほど近い淀屋橋の西エリアに位置する。この界隈は、沿道企業の協力による揃った並木の街路景観も注目。

建物からの一言 これまで日建設計が世に送り出してきた数々の建築CGパース・動画を一挙にご覧頂けます。

設計事務所連携企画「セッケイ・ロード」も実施。詳しくはP.34へ。

46 日本設計関西支社(大阪興銀ビル)

所在地 中央区高麗橋4-1-1　建設年 1961年／1982年／2005年　設計 山下寿郎設計事務所(リノベーション：日本設計)

→P.94

特別公開
日時＝10月26日(土) 10時〜17時
　　　27日(日) 10時〜15時
定員＝なし／参加費＝無料

ガイドブック特典
小さなお土産プレゼント。

大手組織設計事務所の中にあって歴史は比較的、新しい。日本初の超高層ビルである霞が関ビルの設計チームが中心となり、1967年に設立。その際のモットーが共創と都市デザインで、大阪ではNU茶屋町や上本町YUFURAなどに生かされている。

設計事務所連携企画「セッケイ・ロード」も実施。詳しくはP.34へ。

47 オービック御堂筋ビル

所在地 中央区平野町4丁目　建設年 2020年(2017年5月着工〜2020年1月竣工)　設計 鹿島建設

→P.94

バーチャル＆リアル建築現場見学ツアー 要申込
日時＝10月26日(土) ①10時30分〜 ②13時30分〜(各回約60分)
定員＝各15名(高校生以上)／参加費＝無料／案内人＝鹿島建設株式会社 社員
[申込方法] P.03参照　●館内は、スリッパ(当方で用意)に履き替えてご見学頂きます。ヘルメットを着用頂く場合がございます。　●見学時間は1時間を予定していますが、状況によって少し超過する場合がありますので、余裕を持ってお越し下さい。

新しい街並み誘導のルールに基づき、高さ・容積等を地区計画で緩和した100m超のオフィスとホテルの複合ビル。御堂筋側だけでなく、北側に賑わいの参道空間を設けるなど、御霊神社の存在に配慮した計画となっている。

建物からの一言 最先端のBIM技術を活用したバーチャルとリアルの建築を同時に体感頂きます。

48 大阪ガスビル [国登録有形文化財]

所在地 中央区平野町4-1-3　建設年 [南館]1933年 [北館]1966年　設計 [南館]安井武雄 [北館]安井建築設計事務所(佐野正一)

設計は大阪倶楽部と同じ安井武雄だが、こちらは時代の最先端を行く幾何学的な外観で、都市改造の一環として拡幅された御堂筋に適合している。戦後に増築された建物の北側半分が、そのデザインを生き生きと引き継がれている点も見どころ。

建物からの一言　建設当時の雰囲気が残る南館、普段は入ることができない北館屋上を中心にご案内します。

ガイドツアー

日時：10月26日(土)・27日(日) 両日とも10時20分〜11時40分、13時〜16時20分(20分毎に出発、全16回、各回30分)
定員：各25名(小学生以上)／参加費＝無料
- 整理券が必要です。●配布場所＝1階南側出入口前、配布開始時間＝10時10分(先着順に全16回分を配布)
- Daigasグループ社員とヒト型ロボットのPepperがご案内いたします。●Daigasグループ社員によるボランティア活動である"小さな灯"運動にご寄附いただいた方に大阪ガスビルのペーパークラフト(非売品)をプレゼント。

49 北野家住宅 [国登録有形文化財]

所在地 中央区平野町4-2-6　建設年 1928年　設計 不詳

特別公開

日時：10月26日(土) 13時〜16時
　　　27日(日) 13時〜15時30分
定員＝なし／参加費＝無料
- 混雑時には入場を制限させていただく場合がありますので、ご了承ください。

都市の近代化の過程で建てられた木造3階建ての町家。1階は改変されているが、かつては青物商を営んでいた。タイル張りの外壁と袖卯建、軒下の銅板で覆った箱軒など、防火への備えが見て取れる。

連携プログラム
「まちと生きる現代アート」も開催。詳しくはp.88へ。

50 三菱UFJ銀行大阪ビル本館

所在地 中央区伏見町3-5-6　建設年 2018年　設計 三菱地所設計・東畑建築事務所JV

Ⅱ・エ・2
→P.95

パネル展示
日時＝10月26日(土) 10時〜18時
　　　27日(日) 10時〜16時
定員＝なし／参加費＝無料
展示協力＝近畿大学髙岡ゼミ

御堂筋のデザインガイドライン適用第1号の超高層ビル。公共貢献として1階にパブリックスペースとして「ギャラリーラウンジ」を設置。北船場の情報発信拠点であると同時に、イケフェス大阪では、ここが第2のインフォメーションセンターに。

建物からの一言 1階のギャラリーラウンジにて、当ビルとその前身である三和銀行本店のパネル展示を行います。

1階ギャラリーラウンジにて、2日間限定のイケフェス大阪2019インフォメーションセンターを開設しています。詳しくはP.108をご覧ください。

8 芝川ビル [国登録有形文化財]

所在地 中央区伏見町3-3-3　建設年 1927年　設計・基本構造 渋谷五郎(意匠:本間乙彦)

Ⅱ・エ・3
→P.95

昭和初期には辺りから抜きんでていたビルも、超高層に囲まれるように。しかし、今も当時と変わらない佇まいで存在感を放っている。建物内部には意匠を凝らした装飾があちらこちらに、4Fのテラスは、都会の喧騒からぽっかり抜け出したような異空間で時間が経つのを忘れてしまう。QRコードで解説が見られるので、ビルの建物語を楽しんでみて。

建物からの一言 恒例のイケフェスカフェOPEN！休憩や作戦会議などにご利用ください。また、今年はビル正面の電柱・電線の撤去工事が完了。魅力を増した建物外観を是非ご覧ください。

4階モダンテラス特別公開＆イケフェスCafé
日時＝10月26日(土)・27日(日)
　　　両日とも9時〜17時 (カフェ営業 10時　16時)
定員＝なし／参加費＝無料 (カフェの利用は有料)
協力＝自家焙煎珈琲ババビルサ

● 4階以外は通常のテナント営業をしております。内部見学のみを目的とした店舗への立ち入りはご遠慮ください。　● 特別展示：ニッカウヰスキーと芝川家

プレプログラム「ニッカウヰスキーと芝川家も開催。詳しくはP.16へ。

51 東畑建築事務所本部・本社オフィス大阪(新高麗橋ビル)

所在地 中央区高麗橋2-6-10　建設年 1974年　設計 東畑建築事務所

Ⅱ・エ・2
→P.95

「清林文庫」展＆オープンサロン2019

「清林文庫」展：東畑謙三が蒐集した世界有数の稀覯本展示
特別展示 伊能忠敬「東三拾三國沿海測量之圖」
　　　　…日本東半部の沿海地図(写本：2m×3m)を初公開
オープンサロン：東畑謙三が50年前に思い描いた大阪の未来
日時＝10月26日(土)・27日(日) 両日とも10時～17時
定員＝なし／参加費＝無料

設計事務所連携企画「セッケイ・ロード」も実施。詳しくはP.34へ。

1932年に創業された、大阪を代表する建築設計事務所の一つ。発展の理由は、創業者・東畑謙三が実務的な設計に優れていたため。それが深い教養に根ざしていたことが伺える国内最大・最良の建築書のコレクションが特別に公開される。

建物からの一言 伊能忠敬の「日本東半部の沿海地図(写本：2m×3m)」を初公開。是非この機会にご覧ください。

スペシャルプログラム
2020年4月オープン、宝塚市立文化芸術センター PRブースが出展

東畑建築事務所が手掛けたプロジェクトで、兵庫県宝塚市で現在準備中の文化芸術センターを紹介するブースが出展します。また11月には、現場見学会を実施する予定です。詳しくはブースでも案内する予定ですので、ぜひお越しください。

52 関西ペイント本社ビル

所在地 中央区今橋2-6-14　建設年 2008年

Ⅱ・エ・2
→P.95

ワークショップ　【当日先着】

ペイントでお部屋を楽しく豊かな空間に演出する方法をお教えします。関西ペイントの室内用塗料のご紹介とそれらを使って様々な模様替えの方法を実際に体験頂きます。
日時＝10月26日(土) 10時～15時
　　　(随時受付、30分程度)
定員＝100名／参加費＝無料

- 関西ペイント本社ビル1Fにて、10時より受付。
- ペイントワークショップになりますので、汚れてもいい服装でご来場ください。
- お子様がワークショップへ参加される場合は、必ず保護者同伴でご参加ください。

戦後の復興期、東畑建築事務所の設計でいち早く鉄筋コンクリート造の本社屋を船場の伏見町に建てた関西ペイントは、2008(平成20)年に同じ船場の三休橋筋沿いに高層ビルを建設。ガラス張りのエントランスホールでワークショップが開催される。

建物からの一言 ワークショップを通じてペイントの楽しさを体感してください。

53 日本基督教団浪花教会

所在地 中央区高麗橋2-6-2　建設年 1930年　設計 竹中工務店（ヴォーリズ建築事務所が指導）

→P.95
Ⅱ・エ・2

小玉晃バリトンコンサートwith混声合唱団スコラ・カントルム神戸　要申込
日時＝10月26日（土）14時～（約30分）／定員＝60名（小学生以上）
参加費＝無料　[申込方法] P.03参照　●演奏中の写真撮影はご遠慮ください。

1877年（明治10）年設立の歴史をもつ。都心の狭い敷地に建つゴシック様式の教会で、尖塔アーチの色ガラスが美しい。ヴォーリズ建築事務所の指導により竹中工務店の石川純一郎が設計した。

特別公開
日時＝10月27日（日）14時～16時30分
定員＝なし／参加費＝無料
●牧師による浪花教会についての解説（随時）。
●混雑時は入場制限する場合あり。
●礼拝堂以外の部屋への立ち入りはご遠慮ください。
●葬儀等で中止する場合があります。

建物からの一言　創立142周年を迎えたプロテスタント教会です。

54 伏見町 旧宗田家住居 [CuteGlass Shop and Gallery]

所在地 中央区伏見町2-4-4　建設年 1925年／1931年（改築）／2018年（修景・改修）　設計 不詳／ウズラボ（修景および耐震補強改修）

→P.95
Ⅱ・オ・3

かつての船場の暮らしぶりを今に伝える小さな町家が、残された過去の図面や写真を元に修復され、美しいガラス容器を扱うショップ＆ギャラリーとして2018年新たにオープン。玄関には小さな前庭が設けられている。

建物からの一言　ガラスびん・化粧品の展示販売を行う複合施設で、和室では貴重な防空壕もご覧いただけます。

特別公開　普段お立ち入り頂けない2階も全て公開。
日時＝10月26日（土）・27日（日）両日とも10～16時
定員＝なし（小学生以上）／参加費＝無料
●混雑時には、入場を制限することがあります。●建物内での飲食はご遠慮ください。●建物内、階段や段差がございます。また、靴を脱いでお上がりいただく箇所がございます。

ガイドブック特典
1,000円（税込）以上ご購入の先着各30名様に硝子玉（ペーパーウェイト）をプレゼント！
●提示場所＝お会計時にスタッフへご提示ください。
●日時＝特別公開の日時に準ずる。
●（1,000円（税込）以上ご購入の）先着各30名様
●なくなり次第終了させていただきます。

55 伏見ビル [国登録有形文化財]

所在地 中央区伏見町2-2-3　建設年 1923年　設計 長田岩次郎

→P.95
Ⅱ・オ・3

特別公開　日時＝10月26日（土）・27日（日）両日とも12時～17時
定員＝なし／参加費＝無料　●店舗内は原則撮影禁止です。

当初はホテルとして建てられた。現在は客室を活かしたテナントビルとして使われている。1931（昭和6）年に所有者が変わった際、大規模な改修が施された。全体に丸みを帯びたデザインが特徴。

建物からの一言　今年は共用部と屋上に加えて、一部のお店の内部もご覧いただけます。ぜひお越しください。

56 青山ビル [国登録有形文化財]

所在地 中央区伏見町2-2-6　建設年 1921年　設計 大林組(増築部:伊東恒治)

→P.95

高級輸入食品を扱う野田屋などを展開した野田源次郎邸として建てられた。スパニッシュスタイルの外観を覆い尽くす蔦は甲子園から株分けされたもの。戦後間もなくに青山家が取得してテナントビルに。

建物からの一言　今回のガイドツアーでは地下のフリースペースと石炭投入穴がみられます！

その他、多くの連携プログラムも開催されます。詳しくはP.87へ。

特別公開
日時=10月26日(土)・27日(日) 両日とも9時〜17時
定員=なし／参加費=無料
- 特別展示室をもうけ、青山ビルの資料や、青山ビルイベント等について展示いたします。

ガイドツアー　[当日先着]
日時=10月26日(土)・27日(日) 両日とも
　　①10時20分〜　②11時20分〜
　　③14時20分〜　④15時20分〜(各回40分)
定員=各20名／参加費=無料
案内人=青山ビル所有者 ● 当日9時より1階玄関ホールで整理券配布。 ● 各回開始時間5分前に整理券を持参のうえ1階玄関ホールに集合。 ● 無断での写真撮影はご遠慮ください。

展示①：くりたまり吹きガラス展2019
「吹きガラスの作品展」と大阪の吹きガラス工場の歴史
● 10月27日(日)12時〜17時、吹きガラスの作品のフリーケット実施。

展示②：「大正と令和を結ぶステンドグラス空間」
大正時代の洋館を彩っていたステンドグラスに思いを。現代作家北山あけみ作品展。
● 10月26日(土)19時よりギターライブ(阿守孝夫)開催(自由参加)。
日時=10月21日(月)〜27日(日)
　　　12時〜19時(最終日は17時まで)
会場=①ギャラリー遊気Q　②遊気Q倶楽部
定員=なし／参加費=無料

ワークショップ　[当日先着]
文化財でのお稽古体験「書とてん刻」
大正時代の趣を残す部屋で書道とてん刻(石のはんこ)の文化に触れる体験。
日時=10月26日(土)・27日(日) 両日とも
　　　①11時〜　②14時〜(各回約30分)
定員=各4名／参加費=無料
● 当日9時より1階玄関ホールで整理券配布。

青山ビル&Kirin Keller yamato
店舗内ガイドツアー　[当日先着]
日時=10月26日(土)①15時〜　②15時15分〜
　　　③15時30分〜　④15時45分〜(各回10分)
定員=各5名／参加費=無料
案内人=青山ビル所有者
● 当日9時より1階玄関ホールで整理券配布。 ● 各回開始時間5分前に整理券を持参のうえ1階玄関ホールに集合。

> **ガイドブック特典**
> イケフェス限定セット(カニサラ+ワンドリンク)を880円でご提供！
> ● 提示場所=Kirin Keller yamato 北浜店
> ● 日時=10月26日(土) 16時30分〜19時　● お一人様1回限り

známka個展「記憶の砂糖細工」
ペーパードールやミニドール、箱、原画展示、販売。
日時=10月25日(金)〜11月1日(金) 13時〜18時
定員=なし／参加費=無料
会場=青山ビル2階forel　● 月〜水曜はお休みです。
● 期間中、作家が在廊しています。

辻邦浩研究室 特別公開&
スペシャルツアー　[当日先着]
日時=10月26日(土)・27日(日) 両日とも13時〜14時
定員=各20名／参加費=無料
● 当日9時より1階玄関ホールで整理券配布。 ● 開始時間5分前に整理券を持参のうえ1階玄関ホールに集合。 ● 辻邦浩研究室を中心に全館をツアーします。無断での写真撮影はご遠慮ください。

辻邦浩
つじ くにひろ

国立民族学博物館 特別客員教授、未来社会をデザインする会(2025年万国博を考える会)代表、東京大学 協力研究員。Kunihiro Tsuji Design 代表。プロダクトデザイン、情報デザイン、環境デザインなどを統合した空間デザインとサービスデザインを行う。同時に市民対話の共創型コミュニケーションプラットフォーム(リビングラボ)を研究・実践し未来型のデザインプラットフォーム構築を推進している。

● 建物内は階段でしか移動できない場所があります。

57 武田道修町ビル

所在地 中央区道修町2-3-6　建設年 1928年　設計 片岡建築事務所（松室重光）

Ⅱ・オ・3
→P.95

大阪の建築は増築に愛がある。壁が少し奥まった所が戦後の建て増し。窓や壁のつくりに気を配り、国の重要文化財・京都府庁旧本館の設計者として知られる松室重光のオリジナルのデザインを引き立てている。

建物からの一言 常設展示の他に、特別展示「医家の詩文と書画」も見学可能です。特別展示は軸物と書籍を合わせて展示します。

杏雨書屋（きょううしょおく）休日特別開館
日時＝10月26日（土）・27日（日）両日とも10時〜17時
定員＝なし／参加費＝無料
・1階武田科学振興財団杏雨書屋展示室が見学できます。
・展示室内の写真撮影・飲食はご遠慮ください。

---

58 田辺三菱製薬株式会社本社ビル

所在地 中央区道修町3-2-10　建設年 2015年　設計 大林組

Ⅱ・エ・3
→P.95

田辺三菱製薬史料館　休日特別開館
日時＝10月26日（土）10時〜17時
定員＝なし
参加費＝無料

「くすりのまち」道修町と三休橋筋の交差点に建つ新しい高層ビルは、低層部をガラス張りにして公開空地と一体的な空間を生みだし、地域コミュニティの拠点となっている。2階に設けられた田辺三菱製薬史料館も充実。

建物からの一言 歴史と未来が融合したビルで、いのちを守る341年の歩みをご紹介します。

59 日本圧着端子製造株式会社

所在地 中央区道修町3-4-7　建設年 2013年　設計 Atelier KISHISHITA＋Man*go design

Ⅱ・エ・3
→P.95

内外を仕切る12cm角の杉材はボルト留めされて、交換可能なつくり。伊勢神宮の式年遷宮と同じく20年に1度、取り替えられる想定だ。床も天然木材で、入口で靴を脱ぐ。先端企業による新しいオフィスの試みである。

建物からの一言　普段は非公開の建物内部を設計者がご案内するガイドツアーです。

ガイドツアー ［要申込］
日時＝10月26日(土) ①10時〜 ②13時〜 ③15時〜 (各回約60分)
定員＝各20名(小学生以上)／参加費＝無料／案内人＝岸下真理
- 館内は土足禁止です。また、素足での入館もご遠慮いただいております。
- 館内での飲食はご遠慮ください。

［申込方法］往復はがき。1通の申込での人数制限＝2名まで／10月15日(火)必着
［必要事項］●往信面ウラに(1)希望される時間＝①10時〜、②13時〜、③15時〜いずれか1つ、(2)参加者氏名・性別・年齢、(3)代表者のご連絡先(住所・電話番号) ●返信面オモテ＝上記(3)にご記入いただいた代表者のお名前・住所を記載ください。
［申込宛先］〒553-0001 大阪市福島区海老江7-18-26 中堂ビル102
　　　　　Atelier KISHISHITA宛

岸下真理
きしした　しんり

1969年兵庫県生まれ。1995年金沢工業大学大学院修士課程修了。1995年〜2000年無有建築工房。2001年岸下和代とAtelier KISHISHITAを共同設立。現在、大阪工業大学、摂南大学非常勤講師。2010年JIA関西建築家新人賞。2013年芦原義信賞。2014年日本建築士会連合会賞奨励賞など

60 船場ビルディング ［国登録有形文化財］

所在地 中央区淡路町2-5-8　建設年 1925年　設計 村上徹一

大阪セレクション
Ⅱ・エ・3
→P.95

特別公開
日時＝10月26日(土)・27日(日)
両日とも11時〜16時
定員＝なし／参加費＝無料
- 混雑時は入場を制限させていただきます。
- お仕事中の方がいらっしゃいます。館内ではお静かに見学ください。
- 公開は地上階以上の共用部と、屋上のみになります。

外からは想像がつかないのが、玄関を抜けた先にある中庭。空の下、4階までの外廊下が全部見える。大正時代の船場で荷馬車などを引き込むのに便利にと考えたつくり。それが今も、このビル独特の親密感を生んでいる。

建物からの一言　年に一度きりの特別公開です。見学ご希望の方はお見逃しなく。

61 北浜レトロビルヂング ［国登録有形文化財］

所在地 中央区北浜1-1-26　建設年 1912年　設計 大林組

特別公開
日時＝10月26日（土）・27日（日）両日とも9時30分〜10時
定員＝なし／参加費＝無料
● 混雑時には、入場を制限することがあります。● 階段でしか移動できない場所があります。
● 地階への立ち入りはご遠慮ください。

ビルの谷間で、今や小さいことで目立っているのは、1912年に株仲買商の商館として建てられた煉瓦造2階建の洋風建築。1997年から英国流の紅茶と菓子の店舗に活用され、北浜に新たな人の流れを生み出した。

62 新井ビル ［国登録有形文化財］

所在地 中央区今橋2-1-1　建設年 1922年　設計 河合建築事務所（河合浩蔵）

特別公開
日時＝10月26日（土）・27日（日）両日とも10時〜16時
定員＝なし（小学生以上）／参加費＝無料
● 混雑時には入場を制限させていただきます。● 受付はビル右手入口です。
● 階段での登り下りとなります。● テナント内部の撮影は原則不可。

神戸を拠点に活躍した河合浩蔵設計の銀行建築。古典主義様式から脱却しようと、幾何学的でモダンな要素が盛り込まれている。元営業室の吹抜空間は人気スイーツ店・五感の本店として有名。

建物からの一言 通常は公開していないテナント内部や屋上を特別公開します。

63 三井住友銀行大阪中央支店・天満橋支店

所在地 中央区高麗橋1-8-13　建設年 1936年　設計 曾禰中條建築事務所

休日特別開館
日時＝10月26日（土）
10時〜13時
定員＝なし
参加費＝無料
● 1階ロビーのみの公開です。
● 内観の写真撮影はご遠慮ください。

戦前の日本における最大級の設計事務所の一つであった曾禰中條建築事務所の最後期の作品で、完成度の高い古典主義様式のデザイン。三井銀行の大阪支店として、当時の目抜き通りであった高麗橋通に面して建てられた。

建物からの一言 堂々とした昔の銀行建築そのもの。内部の列柱や天井細工も必見です。

64 大阪証券取引所ビル

所在地 中央区北浜1-8-16　建設年 [1期]1935年 [2期]2004年　設計 [1期]長谷部竹腰建築事務所 [2期]三菱地所設計・日建設計設計監理JV

→P.95　Ⅱ・オ・2

大阪取引所OSEギャラリー 休日特別開館
日時＝10月26日(土)・27日(日)
　　　両日とも9時30分〜16時
定員＝なし／参加費＝無料
- 1階アトリウムの大阪取引所専用エレベーターで5階までお越しください。
- 5階大阪取引所は飲食禁止。

ガイドツアー　当日先着
日時＝10月26日(土)・27日(日)
　　　両日とも ①10時〜 ②13時〜
　　　③15時〜（各回約40分）
定員＝各30名程度／参加費＝無料
案内人＝大阪取引所 社員
- 受付は1階アトリウムの大阪取引所専用エレベーター前にて、各回5分前より開始。

イケフェス特別ライトアップ
日時＝10月26日(土)・27日(日) 両日とも日没〜24時

スペシャルプログラム "一粒の光"と堂島米市場現地案内　当日先着
安藤忠雄氏がデザインし2018年に完成した、世界で初めての組織的な先物市場とされる「堂島米市場」の記念碑をご案内します。
日時＝10月26日(土)・27日(日) 両日とも
　　　①11時〜 ②12時〜 ③13時〜（各回約20分）
定員＝各20名程度／参加費＝無料
案内人＝大阪取引所 社員
- 当日案内に参加された方にオリジナル・クリアファイル贈呈。
- 現地に直接お越しください。

所在地 北区堂島浜1-3

現代的なビルに建て替わっても、金融街の顔として親しまれた外観は残された。吹き抜けのエントランスホールも当初からの空間。楕円形なのは直交していない堺筋と土佐堀通の関係を調整するため。設計者の技量が光る。

建物からの一言 5階OSEギャラリー受付にて、各日先着100名様限定でオリジナル・クリアファイル贈呈。

ℹ 1階アトリウムにて、2日間限定のイケフェス大阪2019インフォメーションセンターを開設しています。詳しくはP.108をご覧ください。

---

65 オクシモロン 北浜（北浜長屋）

所在地 中央区北浜1-1-22　建設年 1912年／2017年(リノベーション)　設計 髙岡伸一建築設計事務所(リノベーション)

→P.95　Ⅱ・オ・2

特別公開
日時＝10月26日(土)・27日(日)
　　　両日とも9時30分〜10時30分
定員＝なし／参加費＝無料
- 混雑時には、入場を制限することがあります。
- 店舗は11時からの営業となりますので、いったん全員退室いただきます。

船場の川沿いに残る唯一の木造建築は、大正元年に建設された和洋折衷の二軒長屋。耐震補強を含めたリノベーションによって、人気のカレー店とカフェへと再生された。川の眺めと、2階道路側の金属天井が見どころ。

建物からの一言 カレー店のオープン前の時間に特別公開します。窓からの眺めもぜひお楽しみ下さい。

66 生駒ビルヂング [国登録有形文化財]

所在地 中央区平野町2-2-12　建設年 1930年／2002年　設計 宗建築事務所／Y's建築設計室

大阪セレクション　Ⅱ・オ・3　→P.95

- 写真撮影に関しては条件がございますのであらかじめご了承ください。
- 館内での飲食および喫煙はご遠慮下さい。

特別公開＆ギャラリートーク
ビルの各所にてオーナーによるギャラリートークを随時開催。
日時＝10月26日(土)・27日(日)
両日とも13時〜17時

アートギャラリー
新進気鋭のアーティストと生駒ビルヂングがコラボ！様々なところで出展されているアーティストの作品をお楽しみください。
日時＝10月26日(土)・27日(日)
両日とも13時〜17時
定員＝なし／参加費＝無料

生駒ビルヂング 点鐘式　[要申込]
大大阪時代、船場地区の時報であった鐘の音を、生きた建築ミュージアムフェスティバル開催を記念し、生駒ビルヂング特別公開スタートの合図として鳴り響かせます。生駒ビルヂングオリジナルグッズプレゼント。
日時＝10月26日(土)・27日(日)　両日とも13時〜
定員＝各1名／参加費＝無料　[申込方法] P.03参照

当時の最先端の意匠・アール・デコをまとった生駒時計店の店舗兼事務所ビル。屋上の時計は幾何学的でモダン、時計塔の下の縦に長い出窓と2階の丸窓は時計の振り子のよう。そして内部の階段の豪奢さと言ったら。

[建物からの一言] 公開された屋上のタイルをぜひご覧ください。

67 大阪商工信用金庫 新本店ビル

所在地 中央区本町2-2-8　建設年 2017年　設計 安藤忠雄(レリーフ：今井兼次)

 　Ⅱ・オ・4　→P.95

ガイドツアー　[要申込]
日時＝10月26日(土)・27日(日) 両日とも
①10時〜 ②13時〜 ③15時〜 (各回約30分)
定員＝各20名／参加費＝無料
案内人＝大阪商工信用金庫職員
[申込方法] P.03参照
- 建物内部の写真撮影不可。
- トイレは11階のみ利用可。

2017年竣工の新本店ビルは安藤忠雄の設計。かつてあった本町ビル屋上を飾っていた、建築家・今井兼次による巨大なレリーフを、最新の3D技術を用いて復元。誰でも近づける低層部に移して場所の歴史を継承した。

[建物からの一言] 日本を代表する建築家・安藤忠雄氏設計の新本店ビル。繊維産業の象徴「糸車の幻想」を100％再生保全、船場の繁栄を物語る戦後ビルの代表例となっています。

46　OPEN HOUSE OSAKA 2019　メインイベント

68 輸出繊維会館

所在地 中央区備後町3-4-9　建設年 1960年　設計 村野・森建築事務所(村野藤吾)

Ⅱ・エ・3
→P.95

ガイドツアー [要申込]

日時＝10月27日(日)
①10時〜 ②11時15分〜
③14時〜 ④15時15分〜
(各回約60分)
定員＝各20名／参加費＝無料
案内人＝笠原一人　[申込方法] P.03参照

笠原一人
かさはら かずと

1970年神戸市生まれ。1998年京都工芸繊維大学大学院博士課程修了。専攻は近代建築史・建築保存再生論。2010-11年オランダ・デルフト工科大学客員研究員。共著に『関西のモダニズム建築』(淡交社)、『村野藤吾の住宅デザイン』(国書刊行会)、『村野藤吾の建築―模型が語る豊穣な世界―』(青幻舎)ほか。

不思議なたたずまいをしている。外壁のイタリア産トラバーチンとアルミサッシの組み合わせが品位と未来感を織り成し、玄関庇は凝ったデザイン。内部の繊細な階段や家具類も未来なのか過去なのか、これぞ村野藤吾の世界。

C スペシャルツアー
局長と巡る船場・三休橋筋の建築とまちづくり

Ⅱ・エ・2
→P.95

船場エリアの「背骨」に位置する三休橋筋。その沿道には多くの魅力的な建築が立地しています。また活発なまちづくり活動によりまちなみが変貌中です。三休橋筋のまちづくり活動歴20年、生きた建築ミュージアム大阪実行委員会委員でもある案内人と三休橋筋の魅力を巡るツアーです。初公開の「綿業会館屋上」や昭和5年の開業時の姿を残す「吉田理容所」などの建物内見学も行います。

●綿業会館新館塔屋

●吉田理容所

日時＝10月26日(土) [要申込]
15時〜(約120分)
定員＝20名／参加費＝無料
案内人＝篠原祥
[申込方法] P.03参照
協力＝三休橋筋愛好会、
　　　三休橋筋商業協同組合

篠原 祥
しのはら やすし

1958年生まれ。大阪市都市整備局長。長く大阪ガスに在籍し、社有地開発などの開発事業を担当すると共に、御堂筋、三休橋筋などでのまちづくり活動に公私両面で参画。2016年に大阪ガス退社、まちづくりコンサルタントを経て、18年4月より現職。著書に「大阪のひきだし―都市再生フィールドノート―」「都市の魅力アップ」(共に共著)など。

69 大阪商工会議所ビル

所在地 中央区本町橋2-8　建設年 1968年　設計 日建設計

→P.95

ガイドツアー　[要申込]
日時＝10月26日(土)・27日(日)両日とも
　　　①10時〜　②11時〜　③13時〜　④14時〜(各回約30分)
定員＝各20名／参加費＝無料　[申込方法]P.03参照
- 案内場所以外の立ち入りはご遠慮ください。
- 館内において、案内場所以外の写真撮影はご遠慮ください。

片岡安が設計した堂島の近代建築から、1968(昭和43)年に松屋町筋沿いに移転して建てられた大阪商工会議所ビルは、派手さはないものの、素材やディテールに見どころの多い「いいビル」。ビルの横には初代会頭でもある五代友厚をはじめ、大阪の近代化、国際化に功績のある土居通夫、稲畑勝太郎の像が建つ。

[建物からの一言] ロビー、国際会議ホールに加え、通常非公開の特別会議室、議員談話室を公開します。

70 本願寺津村別院［北御堂］

所在地 中央区本町4-1-3　建設年 1962年　設計 岸田日出刀

→P.94

特別公開
日時＝10月26日(土)・27日(日)両日とも13時〜16時
定員＝なし／参加費＝無料

戦後、鉄筋コンクリート造で復興された本堂は、幅広い御堂筋に負けない長い門、象徴的な階段、明瞭な内部など、他に類を見ない都市的なデザイン。世界の丹下健三を押し立てた東大教授・岸田日出刀の構想力が冴える。

[建物からの一言] 今年1月に開館した「北御堂ミュージアム」も無料で入場できます。

71 御堂筋三井ビルディング

所在地 中央区備後町4-1-3　建設年 1976年　設計 日建設計

→P.94

ガイドツアー　[当日先着]
日時＝10月26日(土)
　　　①10時〜　②11時〜　③13時〜　④14時〜(各回約40分)
定員＝各20名(小学生以上)／参加費＝無料
- 受付は1階エントランスにて各回10分前より開始。

御堂筋のスカイラインを維持するため、この時代の御堂筋には高層部のセットバックが指導された。御堂筋三井ビルはそのセットバックを高さの異なる2つの板状のボリュームへと分節することで、デザイン的にうまく解決した。

[建物からの一言] 三井不動産グループのコラボレーションエリアと御堂筋のスカイラインが一望できる屋上などをご案内します。

72 御堂ビル［竹中工務店大阪本店］

所在地 中央区本町4-1-13　建設年 1965年　設計 竹中工務店

日本を代表する建設会社、竹中工務店の大阪本店ビル。高さ31mでスカイラインが揃っていた時代の御堂筋を代表する存在。茶褐色の外壁は有田で焼いた特注タイルで、この時代の竹中の作品に多く用いられた。

1階ホール特別公開と展示「生きた建築・伝える心と技」展

日時＝10月26日（土）・27日（日）両日とも
　　　10時〜16時
定員＝なし／参加費＝無料
- 模型には手を触れないでください。

館内ガイドツアー　【当日先着】

日時＝10月26日（土）・27日（日）両日とも
　①11時〜　②13時〜　③15時〜
　　（各回約50分）
定員＝各40名（小学生以上）
参加費＝無料
- 受付は1階カウンターにて、先着順で行います。
- 一部階段で移動する場合があります。
- 参加者にはコーヒー、大工道具館招待券プレゼント。

20分間世界音楽ホールの旅　【当日先着】

日時＝10月26日（土）・27日（日）両日とも①10時30分〜
　②11時30分〜　③12時30分〜　④13時30分〜
　⑤14時30分〜　⑥15時30分〜（各回約20分）
定員＝各16名（小学生以上）／参加費＝無料／会場＝1階ADR室
案内人＝ADR室担当者［音響設計のプロフェッショナル］
テーマ＝世界の有名ホールの音響解説と試聴
- 受付は1階カウンターにて、先着順で行います。
- ADR室内の機器には触れないでください。

ワークショップ　大工さんとカンナ削り・お箸作り体験

未来と遊ぼう！も同時開催。
日時＝10月26日（土）・27日（日）
　　　両日とも10時〜15時
定員＝なし（小学生以上）／参加費＝無料
- 受付は1階実演場所にて随時行います。
- 混雑時にはお待ちいただくことがあります。

73 長谷工コーポレーション（辰野平野町ビル）

所在地 中央区平野町1-5-7　建設年 1994年　設計 日本設計、長谷工コーポレーション

特別公開　HASEKO GALLERY OSAKA

1階ロビー部分の公開となります。マンションの「HASEKO」が提案する新しいマンションライフスタイルを実感・体験いただけるスペースです。
日時＝10月26日（土）10時〜16時
定員＝なし／参加費＝無料

ガイドツアー　マンションのデザインを創り出す現場　【当日先着】

日時＝10月26日（土）①10時〜　②11時〜
　③13時〜　④14時〜（各回約20分）
定員＝各10名／参加費＝無料
案内人＝長谷工 社員
- ガイドツアー中の写真撮影はご遠慮ください。
- 受付は1階ロビー北側入口付近にて各回10分前より開始。

長谷工コーポレーションは、かつては長谷川工務店という社名で御堂筋沿いに本社ビルを構えていた。イケフェス大阪初参加の今回は、現在の大阪ビルに設けられた、デベロッパー向けの本格的なショールームを特別公開。

【建物からの一言】今回イケフェス初参加となります。ぜひお越しください。

74 日本基督教団天満教会 [国登録有形文化財]

所在地 北区天神西町4-15　建設年 1929年　設計 中村鎮

→P.95

特別公開
日時＝10月26日(土)
　　　11時〜15時
定員＝なし
参加費＝無料

1879(明治12)年設立の歴史をもつ教会で、現在の教会堂は50周年を記念して建設された。島之内教会と同じ中村鎮の「鎮ブロック」を採用。楕円アーチ梁を更にアーチでくり抜く構造が軽快。

建物からの一言　最近のトピックス：礼拝堂の保存改修(バリアフリー化)工事を実施(7月)。

75 ルポンドシエルビル [大林組旧本店]

所在地 中央区北浜東6-9　建設年 1926年　設計 大林組

→P.95

日本を代表する建設会社・大林組の旧本店。外観は当時の大林組が得意としたスパニッシュスタイル。2007(平成19)年に耐震補強工事が行われ、現在はフレンチレストランや大林組の歴史館として使われている。

建物からの一言　大林組本店として建てられた'生きた建築'。その3階にある大林組歴史館を休日特別開館します。

大林組歴史館 休日特別開館
日時＝10月26日(土)・27日(日) 両日とも9時〜17時／定員＝なし／参加費＝無料　●大林組歴史館内は、禁煙です。

76 山本能楽堂 [国登録有形文化財]

所在地 中央区徳井町1-3-6　建設年 1927年／1950年(再建)／2011年(改修)　設計 山田組／安井建築設計事務所／graf

→P.95

トークイベント：「大大阪時代」と伝統芸能の輝き！
日時＝10月27日(日) 20時30分〜21時20分
定員＝50名／参加費＝無料／出演者＝河内 厚郎[文化プロデューサー]
●受付は玄関受付にて20時30分より開始。
●玄関で靴を脱いで靴袋に入れてお上がり下さい。能舞台には上がらないでください。
●天井や敷居が低く、階段も急なため怪我などには十分お気をつけください。
　(自己責任)

1927年(昭和2)年に創設された、今や全国でも珍しい木造3階建の能楽堂。大阪大空襲によって焼失したが、早くも1950年に再建。2011(平成23)年に改修を行い、新旧が融合する開かれた能楽堂となった。

建物からの一言　市街地のビルの谷間に残る「大大阪時代」の息吹を大切に守り続ける木造三階建の能楽堂です。

77 | 安井建築設計事務所本社ビル

所在地 中央区島町2-4-7　建設年 1970年　設計 安井建築設計事務所

Ⅱ・カ・3
→P.95

特別公開
安井建築設計事務所オープンハウス2019
「建築＋アートがつくる空間」

日時＝10月26日(土) 11時〜17時
　　　27日(日) 11時〜15時30分
場所＝安井建築設計事務所 1階ロビー
定員＝なし／参加費＝無料

スペシャルトーク
「医療施設を支えるアートの力」

安井建築設計事務所の設計担当者が医療施設における建築＋アートの設計現場を語ります！

日時＝10月26日(土) 14時〜
　　　(約30〜45分程度を予定)
定員＝なし／参加費＝無料

連携プログラム「まちと生きる現代アート」も開催。
詳しくはP.88へ。

吉岡千尋「建築装飾→アート展」
建築装飾をモチーフにした絵画を紹介します。
協力：アートコートギャラリー

安井建築設計事務所は、今年創立95年を迎えました。創業者である建築家・安井武雄の作品から近年のプロジェクトまで、多くの作品の中から今回は「建築とアート」が織りなす空間とその魅力を紹介します。

設計事務所連携企画「セッケイ・ロード」も実施。詳しくはP.34へ。

D スペシャルツアー
都住創ツアー

Ⅱ・カ・3
→P.95

photo. 田籠哲也

1970〜80年台を中心に「都市に住む」という目標を掲げ、大阪市内に20のコーポラティブ住宅を完成させた都住創（都市住宅を自分達の手で創る会）。今回は、谷町界隈のシリーズ10棟の見学ツアーを現在都住創に居住する建築家の案内で実施します。

日時＝10月26日(土) 14時〜(約120分)　**要申込**
定員＝20名／参加費＝無料
案内人＝荒木公樹 [空間計画株式会社]
　　　　宮野順子 [THNK一級建築士事務所・京都光華女子大学講師]
　　　　北 聖志　[THNK一級建築士事務所・近畿大学非常勤講師]
　　　　奥河歩美 [空間計画株式会社]

[申込方法] P.03参照
● 前面道路からの外観のみの見学のため、共用部・住戸内への立入りはできません。
● ツアーは500m角のエリアを徒歩にて移動します。雨天の場合もツアーを開催します。

都住創内淡路町　所在地 中央区内淡路町2-1-7　建設年 1986年　設計 ヘキサ

78 讀賣テレビ放送株式会社本社屋

所在地 中央区城見1-3-50　建設年 2019年(2016年10月着工、2019年1月竣工)　設計 竹中工務店

Ⅵ・イ・1
→P.99

ガイドツアー
読売テレビから見てみよう　要申込

日時＝10月26日(土)・27日(日)
　　　両日とも①13時〜　②15時〜
　　　（各回約60分）
定員＝各30名(小学生以上)
参加費＝無料
案内人＝読売テレビ 社員、
　　　　竹中工務店 設計担当
[申込方法] P.03参照
● 見学中、飲食はお断りします。また、館内は原則撮影禁止となっております。

©栗山主税

OBPの北東部に本社を構えていた讀賣テレビ放送が、大阪城公園に面する南西部へと移転した。大阪城の大パノラマを最大限に活かす全面ガラスのファサードが幾重にも折れ曲がり、建物全体に躍動感を生みだしている。

建物からの一言　27か月の工期を経て、本年1月に竣工、9月に開局したばかりの社屋です。ぜひご覧ください。

ガイドブック特典 [プログラム参加者限定]　ytv社忍(公式キャラクター)「シノビー」のオリジナルグッズをプレゼント！
● ガイドツアー受付時にご提示ください。

79 OMM

所在地 中央区大手前1-7-31　建設年 1969年　設計 竹中工務店

Ⅵ・ア・1
→P.99

バックヤードガイドツアー　要申込
日時＝10月26日(土)
　　　①10時〜　②14時〜（各回約90分）
定員＝各20名(中学生以上)
参加費＝無料／案内人＝OMMスタッフ
[申込方法] P.03参照

屋上スカイガーデン西側特別公開
日時＝10月26日(土) 17時〜20時
定員＝なし(小学生以上)／参加費＝無料
● 気象条件によっては、公開が中止となる事があります。

開館当時は西日本で最も高いビルとして、22階の回転展望レストラン「ジャンボ」が人気を博した。現在回転は止まったが、レストランと開放された屋上からの眺望は、大阪城から中之島まで遮るものがなく絶景。

建物からの一言　OMMは今年開館50周年を迎え、様々なプログラムで皆様をお迎えします。

連携プログラム「第44回 京阪・文化フォーラム」も実施。詳しくはP.86へ。

80　大阪府庁本館

所在地 中央区大手前2　建設年 1926年　設計 平林金吾、岡本馨

→P.99

ガイドツアー　[要申込]

日時＝10月26日(土) ①10時～ ②12時～ ③14時～ ④16時～
（各回約40分）
定員＝各25名／参加費＝無料／案内人＝大阪府職員

[申込方法] P.03参照

- 「本会議場」の写真は、インターネットその他のメディアでの使用はできません。

建物からの一言　現役最古の都道府県庁舎。3層吹抜・議場・正庁の間は必見です！

竣工90周年を迎えた2016(平成28)年に免震化が完了した、現役最古の都道府県庁舎。大階段や正庁の間に加えて、今年は本会議場を公開。

81　ミライザ大阪城（大阪城公園内）

所在地 中央区大阪城1-1　建設年 1931年　設計 第四師団経理部

→P.99

ヨーロッパの城郭を思わせる旧陸軍の庁舎は、城内の軍施設を整理し公園として開放するために、復興天守閣と同年に建てられた。戦後の警察施設、大阪市立博物館を経て、2017年に複合施設として再生。

ガイドツアー　[当日先着]

日時＝10月26日(土) ①11時～ ②13時～（各回約30分）
定員＝各20名／参加費＝無料
案内人＝大和ハウス工業株式会社 本店建築事業部 一級建築士

- 受付はミライザ大阪城1階インフォメーション前にて、各回10分前より開始。
- 荒天の場合、屋上見学を中止することがあります。

ガイドブック特典
ミライザ地下の「イリュージョンミュージアム」入場料とイリュージョンショー観覧セット券：大人料金500円OFF
（大人1700円→1200円。※同行のお子様[11歳以下]は700円）

- 提示場所＝イリュージョンミュージアム入口受付
- 日時＝10月26日・27日 10時～17時30分　● 他の割引とは併用できません。

建物からの一言　地下に「イリュージョンミュージアム」等も昨年オープン。まさに歴史と現代が共存！

82　大阪国際平和センター［ピースおおさか］

所在地 中央区大阪城2-1　建設年 1991年　設計 株式会社シーラカンス、大阪市都市整備局営繕部

→P.99

ガイドツアー　[当日先着]

日時＝10月26日(土)・27日(日) 両日とも ①10時～ ②14時～（各回約60分）
定員＝各20名(小学生以上)／参加費＝無料
案内人＝大阪国際平和センター 館長

- 受付は正面入口横・待合コーナーにて、各回10分前より開始。
- 特別に見学する屋上へは階段を利用しますので、ハイヒールは不可です。
- 館内の撮影については、展示物への接写、三脚やフラッシュの使用はご遠慮ください。

「大阪空襲を語り継ぐ平和ミュージアム」でデザインされているのは、変化に富んだ空間。展示の合間にふと外にあるビルや公園の緑が見えた時、そんなありふれた楽しみも「平和」に支えられていることに気づかされる。

建物からの一言　館内展示の解説とともに、幾何学的で複雑な形の屋根を間近に楽しめる屋上も特別に公開します！

83 もりのみやキューズモールBASE

所在地 中央区森ノ宮中央2-1-70　建設年 2015年　設計 竹中工務店

Ⅵ・イ・2
→P.99

屋上にランニングトラックがある日本初の商業施設。1周約300mのトラックが複数の建物の屋上をつなぎ、一体感を醸し出している。スポーツと健康がテーマなのは、ここが日本生命球場の跡地であるため。BASEも野球の「塁」から。

こども向けクイズラリー＆施設レクチャー　[当日先着]

施設レクチャー後、それにまつわるクイズラリーを廻って、キューズモール限定グッズやキューズモールギフトカードをゲットしよう！

日時＝10月27日（日）
①11時～　②13時～　③15時～（各回約120分）
定員＝各20名（小学生以下のお子様と保護者。一組4名まで）
参加費＝無料

- 整理券が必要です。受付はまちライブラリー（本施設2階）にて、当日10時から全3回分の受付を行います。（各回埋まり次第受付終了）
- 屋外空間にてクイズラリー実施の為、歩きやすい靴・服装でお越しください。
- 雨天決行、荒天中止を予定しております。

ガイドブック特典 [プログラム参加者限定]
キューズモールキャラクターのクリアファイル
- 提示場所＝まちライブラリー　・対象＝小学生以下のお子様
- 日時＝10月27日 10時～17時　・1冊のご提示につき1枚贈呈。

[建物からの一言] 施設の成り立ちやこだわりなど、買い物とは違った観点から見る商業施設も、これまた面白い！

84 コイズミ緑橋ビル（コイズミ照明R&Dセンター）

所在地 東成区東中本2-3-5　建設年 2017年　設計 竹中工務店

Ⅵ・ウ・2
→P.99

ガイドツアー [要申込]

日時＝10月26日（土）①10時～　②11時～
　　　③13時30分～　④14時30分～
　　　⑤15時30分～（各回約50分）
　　　10月27日（日）①10時～　②11時～
　　　③13時30分～　④14時30分～
　　　（各回約50分）
定員＝各20名（小学生以上）／参加費＝無料
案内人＝コイズミ照明㈱社員
[申込方法] P.03参照

麻野篤 東成区長推薦！
「光と風と緑あふれる"SDGsを具現化"したような建築です。区の代表選手として今回初出場。ぜひお越しください。」

ガイドブック特典 [プログラム参加者限定]
木製スマホスタンドプレゼント！
- ガイドツアー受付時にご提示ください。
- 1冊のご提示につき1個贈呈。

住宅街への圧迫感をなくすためにセットバックさせたバルコニーには豊かな植栽が施され、内部には大きな吹抜を通じて自然光を導き入れオフィス空間の一体感を生みだすなど、様々な工夫がちりばめられた最新の環境配慮型オフィスビル。

[建物からの一言] 最新の照明制御システムなどを取り入れた今回初公開の環境配慮型オフィスビルです。

85　上町荘（design SU一級建築士事務所＋YAP一級建築士事務所）

所在地 中央区上本町西4-1-68　建設年 2014年（リノベーション）　設計 白須寛規＋山口陽登

Ⅵ・ア・3
→P.99

特別公開

建築家の白須寛規と山口陽登が上本町にて運営するシェアオフィス。
元は車のショールームだった2層吹き抜けの建物に、建築家、グラフィックデザイナー、WEBエンジニア、アートマネジメントなどのクリエーターが寄り集まって、まちに開かれたラボのような場所を形成している。

日時＝10月26日(土)・27日(日) 両日とも
　　　10時〜17時
定員＝なし（小学生以上）／参加費＝無料
●一部、立入りを遠慮していただく場所があります。
●展示している模型には手を触れないでください。

建築やウェブなど、多彩なクリエイターのシェアオフィス。もともと交差点に建つ低いビルであるため、隅切りの割合が大きく、広いガラス窓が街に開けている。建物の特性を読み取った活用で、さまざまな仕事と実験の交差点を実現。

『街と建築』展 トークイベント　当日先着

建築設計事務所のオープンオフィスの会場である上町荘で街に開かれた建築展を開催します。
設計を進める段階で用いるスタディ模型やスケッチ、作品展で用いた作品などを展示し、若手の建築家の現在形をリアルなかたちで見ていただきます。
また展示に際し、ゲストの建築家を招いて「生きた建築・街」についての議論をします。

日時＝10月26日(土) 17時〜19時
定員＝60名（小学生以上）／参加費＝無料
問合せ＝シェアオフィス上町荘
　　　　uemachisou@gmail.com

白須寛規 しらす ひろのり
建築家。摂南大学専任講師。1979年京都府生まれ。大学院修了後、2006年から2010年まで島田陽建築設計事務所。2010年に「design SU」設立。

山口陽登 やまぐち あきと
建築家。大阪市立大学、大阪芸術大学非常勤講師。1980年大阪府生まれ。大学院修了後、2005年から2013年まで株式会社日本設計。2013年に「siinari一級建築士事務所」設立。2019年、株式会社YAP一級建築士事務所に改組。

建物からの一言　白須寛規と山口陽登が現在進めているプロジェクトの模型を展示します。

86　オリックス本町ビル

所在地 西区西本町1-4-1　建設年 2011年　設計 竹中工務店

Ⅱ・ウ・4
→P.94

休日特別開館

日時＝10月26日(土) 15時〜20時／定員＝なし／参加費＝無料

超高層ビルの多くない西本町界隈にあって、ひときわ目立つオリックスの大阪本社ビルは、高さ133mの地上29階。28階に設けられたオープンエアの展望テラスからは、大阪の夜景を360度楽しむことができる。

建物からの一言　28階展望フロアを休日特別開館。いつもと違った角度で大阪のまちをご覧下さい。

生きた建築ミュージアムフェスティバル大阪 2019

87 立売堀ビルディング

所在地 西区立売堀1-5-2　建設年 1927年/1961年　設計 鴻池組/不動建設

→P.97

展示「大都会をコラージュする」

当ビルのテナントである大人の美術教室「アトリエベレット」がおおくりするアート展です。

日時＝10月23日(水)・24日(木)・25日(金)
　　　各日とも12時〜19時
　　　10月26日(土) 10時〜16時
定員＝なし／参加費＝無料
場所＝4階 58号室アトリエベレット

- ビル内の昇降は階段でしか移動できません。
- 立入りを制限させていただく場合がございます。ご了承ください。

大正末に拡幅された四つ橋筋沿道の事務所需要を見込んで、テナントビルとして建てられた。当初は敷地南側にも木造3階建の洋館があったが大阪大空襲で焼失。高い天井の小部屋が若い世代を中心にオフィスとして人気。

88 長瀬産業株式会社大阪本社ビル

所在地 西区新町1-1-17　建設年 [本館]1928年 [新館]1982年　設計 [本館]設楽建築工務所(設楽貞雄) [新館]竹中工務店(永田祐三)

→P.97

● 飲食物の持ち込みはご遠慮ください。● 出入口は西側(四ツ橋筋側)です。

ガイドツアー　要申込

日時＝10月26日(土)・27日(日)
　　　両日とも①11時〜 ②13時〜
　　　(各回約45分)
定員＝各20名(中学生以上)
参加費＝無料／案内人＝社内スタッフ
[申込方法] P.03参照
- 階段でしか移動できない場所があります。

特別公開

日時＝10月26日(土)・27日(日)
　　　両日とも10時〜16時
定員＝なし(小学生以上)／参加費＝無料

初代通天閣を設計した設楽貞雄による近代建築と並ぶ増築棟は、当時竹中工務店に所属した永田祐三の設計による高層ビル。装飾を自在に操る永田だからこそその抑えた表現が、新旧に高度な調和を生みだしている。

建物からの一言 1階エントランスホールの特別公開と、ガイドツアーを開催！

89 オーガニックビル

所在地 中央区南船場4-7-21　建設年 1993年　設計 ガエタノ・ペッシェ、UDコンサルタンツ

→P.97

ガイドツアー　[要申込]

日時＝10月26日（土）①10時〜　②11時30分〜　③14時〜（各回約60分）
定員＝各15名／参加費＝無料／案内人＝株式会社小倉屋山本 5代目見習い
[申込方法] P.03参照

- エントランス・外観は自由に写真撮影できますが、ビル内部は一部制限があります。（当日ご案内）

壁に132の植木鉢が付いて、まさに「オーガニック（有機的）」で奇抜なビル。これが老舗の本社屋と聞くと意外な気がするけれど、1848年の創業以来、健康に良い自然な昆布を扱ってきた店と知ると、少し納得かも。

[建物からの一言] 年に一度、この日にしか体験できない秘密の空間にガイドします。

---

90 日本基督教団島之内教会 [国登録有形文化財]

所在地 中央区東心斎橋1-6-7　建設年 1928年　設計 中村鎭

→P.97

特別公開

日時＝10月26日（土）10時〜15時
定員＝なし（小学生以上）／参加費＝無料

- 混雑時には入場制限をかけさせて頂く場合がございます。

建築技師・中村鎭（まもる）が1920年頃に考案した、独特なコンクリート・ブロック「鎭（ちん）ブロック」を構造に採用した教会建築。繁華街にあって、大階段の上のシンプルな白い箱が神聖さを感じさせる。

---

91 井池繊維会館 [大阪市地域魅力創出建築物修景事業 平成30年度モデル修景]

所在地 中央区久太郎町3-1-16　建設年 1922年／2016年　設計 不明／髙岡伸一建築設計事務所（リノベーション）

→P.97

特別公開

日時＝10月26日（土）・27日（日）
　　　両日とも11時〜17時
定員＝なし
参加費＝無料

- 当館は階段しかございません。
- テナント内部の写真撮影禁止。

ファッションの展示会

デザイナー「THERIACA」によるポップアップ
日時＝10月26日（土）・27日（日）
　　　両日とも11時〜17時
定員＝なし
参加費＝無料
会場＝2階 202・203号室

長らく外壁を金属の新建材で覆われていた、大正時代の元銀行建築を、2016（平成28）年にリノベーション。建物のコンセプトに共鳴するテナントの集積やイベント開催など、井池筋活性化の新たな拠点として活用が進む。

[建物からの一言] 今春から壁面のライトアップがスタートしました。

特集3 継承される建築文化 ～百貨店特集～

92 大丸心斎橋店本館

所在地 中央区心斎橋筋1-7-1　建設年 1933年（4期／御堂筋側店舗完成）／2019年（建替え）　設計 ウィリアム・メレル・ヴォーリズ

大阪セレクション

→P.97　N・イ・3

(株)大丸松坂屋百貨店

大丸心斎橋店本館　夜間特別見学会　～よる・だいまる～　要申込

日時＝10月27日(日) 19時30分～（約90分）
定員＝30名／参加費＝2,200円
（ソフトドリンク・軽食／TUFFE TERRACE EAT）
案内人＝大丸心斎橋店 広報
［申込方法］P.03参照
● 撮影は許可された場所のみでお願いします。

建物からの一言　営業終了後の館内で建替えた本館を見学していただけます。

---

15 阪急百貨店（シャンデリアテーブル）
特別公開
→P.20

16 大阪梅田ツインタワーズ・サウス（梅田1丁目1番地計画）
ガイドツアー：事業主及び設計施工者によるご案内
→P.20　要申込

COLUMN 継承される建築文化　百貨店建築

橋爪紳也

大阪では近年、百貨店の建替えや拡張が続いています。
2011年に髙島屋大阪店 101、2012年に阪急うめだ本店、そして2014年にはあべのハルカス近鉄本店とリニューアルオープンが続きました。さらに2021年には、阪神梅田本店 16 が規模を拡張し、全館開業の予定です。

そして、今年2019年、装いも新たに開店したのが大丸心斎橋店 92 です。前身となる建物はヴォーリズの設計。御堂筋の拡幅に応じて昭和8年に完成しました。当時は、地下鉄駅と地下売り場が直結している点が話題となり、ネオ・ゴシック風の塔屋を構える華やかな外観、アール・デコの見事な内装が人々を魅了しました。先の大戦で米軍の空爆により、5階以上と中央の吹抜けなど主要部分を失いましたが、低層部の装飾は奇跡的に残り、戦後の営業再開時には外観も修復されました。

今回の建替えでは、そうした歴史的価値のある外観とあわせ、内部装飾も再利用されました。加えて高層部の外観意匠に、1階に散見される八芒星のモチーフを採用する等、建築に託された個性を遺伝子のごとく組入れる工夫がなされています。

同様の試みは、ほかでも見られます。たとえば阪急うめだ本店は、1階コンコースの四神のレリーフ彫刻を保存。鉄道会社の繁栄を期して伊東忠太がデザインした神獣たちは、私が監修した13階のレストラン 15 の内装に再利用されました。ヴォールト天井による印象的な空間とともに往時の雰囲気を再現しています。

また日本橋の髙島屋東別館では、文化財的価値を有する外観や内部空間を残して、サービスレジデンスへのリノベーションが進められています。館内の史料館も、建物の再開にあわせて再オープンの予定です。

複合的な商業施設である百貨店建築は、時代とともに機能を改め、しばしば改装や改築がなされます。ただ建物に託された文化性は、商都大阪の象徴という役割とともに、次世代の建物に継承されているのです。

101　南海ビル（髙島屋大阪店ほか）
南海ビル屋上釣鐘堂ガイドツアー
→P.64　要申込

101　髙島屋大阪店
髙島屋東別館 パネル展示
→P.64

↑ 改装前の髙島屋東別館

93 原田産業株式会社大阪本社ビル

所在地 中央区南船場2-10-14　建設年 1928年　設計 小笠原建築事務所(小笠原祥光)

特別公開
日時＝10月26日(土)・27日(日)
　　　両日とも10時～17時
定員＝なし／参加費＝無料
- 混雑時には入場制限をかけさせて頂く場合がございます。

左右対称を崩し、大きなガラス開口をもつ商社の本社ビルは、古典様式から脱却して自由なデザインを模索した小笠原祥光の設計。内部の保存状態も良く、エントランスの吹抜空間に設けられた優雅な階段が素晴らしい。

建物からの一言　戦前の近代建築ならではの至極の空間をお楽しみください。

連携プログラム「まちと生きる現代アート」も開催。
詳しくはP.88へ。

ガイドブック特典
来場者全員に当社マスクをプレゼント！
さらにガイドブック提示でポストカードのプレゼント！
- 提示場所＝退場時、エントランスにて
- 日時＝特別公開の日時に準ずる。
- 1冊のご提示につき1つ贈呈(なくなり次第終了)。

94 大阪農林会館

所在地 中央区南船場3-2-6　建設年 1930年　設計 三菱合資地所部営繕課

展示：大阪農林会館の90年
普段、お見せすることのない大阪農林会館ビルの歴史に触れられる写真等の展示を行います。
日時＝10月26日(土)・27日(日) 両日とも10時～16時
定員＝なし／参加費＝無料
会場＝大阪農林会館 6階(屋上)管理事務所内
- 展示会場へは5階から階段にて6階へお越しください。
　展示会場は靴を脱いで頂きます。
- 内部見学のみを目的とした店舗内への立ち入りはご遠慮願います。
　館内はお静かにご見学願います。

ファッション関係など、感度の高いショップが集まる近代建築として有名。三菱商事のオフィスとして建てられ、今も各階に大きな金庫の扉が残る。この時代としては窓の大きいのが特徴で、室内が自然光で明るく映える。

建物からの一言　近代建築と融合した煌めくシャンデリアが皆様をお出迎え致します。

ガイドブック特典
建物紹介リーフレット無料配布
- 提示場所＝大阪農林会館 6階(屋上)展示会場　● 日時＝展示の日時に準ずる。
- お1人様1部の配布となります。

95 堺筋倶楽部

所在地 中央区南船場1-15-12　建設年 1931年　設計 川崎貯蓄銀行建築課

Ⅳ・ウ・2
→P.97

元銀行建築をフレンチとイタリアンのレストランにコンバージョン。大阪の近代建築を飲食店へと活用した草分け的存在で、1階部分の高い吹抜空間や、金庫室の個室など見どころは多い。

建物からの一言　今年も館内を自由に巡っていただける機会をご用意しました！

特別公開
日時＝10月27日(日) 19時〜21時／定員＝なし／参加費＝無料
● レストラン予約状況により見学範囲を制限させていただく場合がございます。

96 新桜川ビル

所在地 浪速区桜川3-2-1　建設年 1959年　設計 大阪府住宅協会(現・大阪府住宅供給公社)

Ⅲ・ウ・4
→P.96

低層部に店舗や事務所を配した「併存住宅」。バウムクーヘンのような形が阪神高速のカーブと呼応して、ダイナミックな都市景観を創出。2015(平成27)年、アートアンドクラフトが現代的にリノベーション。

建物からの一言　個性的なテナントが集まる新桜川ビル。ぜひこの機会にお越し下さい！

photo. Yoshiro Masuda

特別公開
日時＝10月26日(土)・27日(日) 両日とも11時〜18時／定員＝なし／参加費＝無料
● お住まいの方、お仕事中の方がいらっしゃいます。共用部はお静かにご見学ください。
● 内部見学のみを目的とした店舗内への立ち入りはご遠慮ください。

97 浪花組本社ビル

所在地 中央区東心斎橋2-3-27　建設年 1964年　設計 村野・森建築事務所(村野藤吾)

> **ガイドツアー**
> 日時＝10月27日(日) 13時〜17時
> 定員＝なし／参加費＝無料
> 案内人＝浪花組関係者
> ● 1階エントランスにお越しください。
> ● 10名程度集まり次第、随時ご案内します。

> **ワークショップ：左官体験**
> 日時＝10月27日(日) 13時〜17時
> 定員＝なし／参加費＝無料
> ● 時間内は随時体験可能です。

個性的な商業施設がデザインを競うミナミの繁華街にあって、一際異彩を放つ複雑で立体的なファサードは、村野藤吾の設計による老舗の左官会社の本社ビル。村野は他にも、浪花組関連の建築を数多く手がけた。

98 自安寺

所在地 中央区道頓堀1丁目東-5-13　建設年 1968年　設計 川崎清

> **ガイドツアー** 　要申込
> 日時＝10月26日(土)
> 　　　①13時〜 ②15時〜 ③17時〜(各回約45分)
> 定員＝各20名／参加費＝無料／案内人＝自安寺 住職
> ［申込方法］P.03参照

日蓮宗の寺院である自安寺は、2018年に逝去した京都大学の建築家・川崎清の設計で、RC打放しと、道頓堀川に面してボックスを積み上げたようなデザインが特徴。家具などにデザイナーの粟津潔が関わっている。

建物からの一言 普段から開放している妙見堂に加えて、3階のラウンジを特別に見学いただきます。

62　OPEN HOUSE OSAKA 2019　メインイベント

99 | 食道園宗右衛門町本店ビル

所在地 中央区宗右衛門町5-13　建設年 1968年　設計 生美術建築デザイン研究所(生山高資)

◉ Ⅳ・ウ・4
→P.97

特別公開
日時＝10月26日(土)・27日(日)
　　両日とも10時～11時30分
定員＝なし(小学生以上)／参加費＝無料

老舗の焼肉店が千日前通の拡幅による移転で建てたレストランビル。設計した生山高資はスナックやダンスホールなど商業施設を多く手がけた建築家で、1階は壁や天井など凝りに凝ったオリジナルのデザインが多く残る。

建物からの一言 古き良きものは残しながら、一部改装している点を見ていただきたいです。

ガイドブック特典　お会計10% OFFクーポンプレゼント
● 提示場所＝1階受付　● 先着100名様　● 日時＝特別公開の日時に準ずる。
● 食道園宗右衛門町本店のみで利用可能。

---

100 | 日本橋の家

所在地 中央区日本橋2-5-15　建設年 1994年　設計 安藤忠雄(安藤忠雄建築研究所)

◉ Ⅴ・イ・1
→P.98

特別公開
日時＝10月26日(土)・27日(日) 両日とも10時～16時
定員＝なし(小学生以上)／参加費＝無料

世界的建築家・安藤忠雄が、間口たったの2.9mの条件に挑んだ。トレードマークの打放しコンクリートで、奥行き約15mの土地に設計した4階建。その空間のドラマはあなたの目で、いや、全身の感覚でお確かめを。

10月25日(金)～11月10日(日)まで、連携プログラム「Architects of the Year 2019」も開催。
期間中は入場料500円(イケフェス期間中は無料)で建物内を見学いただけます。詳しくはP.84へ。

101 南海ビル（髙島屋大阪店ほか）

所在地 中央区難波5-1-60　建設年 1932年　設計 久野節建築事務所

V・ア・1
→P.98

南海ビル屋上釣鐘堂ガイドツアー　要申込

日時＝10月26日（土）①11時～ ②13時30分～ ③15時～（各回約30分）
定員＝各10名／参加費＝無料　［申込方法］P.03参照
- ヘルメットを着用し、低い位置にある配管の下を屈んでくぐります。
- 屈む等の動作が容易にできる方のみお申込みください。
- 汚れても良い、動きやすい服装でお越しください。　●天候により中止します。

長く続く壁を16本のコリント式の壁柱とアーチで整えた、ルネサンス様式のターミナルビル。重厚な外観によって、これが南海電気鉄道の起点であり、幅広い御堂筋を南で受け止める終点でもあることに応えている。

建物からの一言　なんばスカイオ1周年記念！歴史ある釣鐘堂をご案内します！

101 髙島屋大阪店

所在地 中央区難波5-1-60　建設年 1932年　設計 久野節建築事務所

V・ア・1
→P.98

髙島屋東別館 パネル展示　髙島屋東別館に関する写真・資料を展示。また大阪店関連の情報もご紹介

日時＝10月23日（水）～29日（火）10時～23時／定員＝なし／参加費＝無料
会場＝なんばダイニングメゾン9階 エスカレーター横
- 7階お客様相談コーナーで9階展示物の説明チラシをお渡しします（ガイドブック提示）。お渡し時間は午前10時～午後8時です。

ガイドブック特典

7,8,9階なんばダイニングメゾンの対象店舗にて、店舗ごとにイケフェス特典を付与します（例：ワンドリンクサービスなど）
- 提示場所＝対象店舗内（オーダー時）
- 日時＝10月23日～29日 特典提供時間は店舗ごとに異なります。
- ガイドブック1冊につき1回、人数は店舗により異なります。
- 店舗ごとの特典内容、受付時間、条件は説明チラシに掲載。

ガイドブック特典

11月6日（水）～11日（月）開催予定の7階グランドホール「第66回 日本伝統工芸展」（有料）のご招待券プレゼント
- 提示場所＝7階お客様相談コーナー　●各日先着50名様
- 実施期間＝10月23日～29日 10時～20時
- 各日準備枚数の配布完了で終了。
- ガイドブック1冊につきご招待券1枚。

102 味園ユニバースビル

所在地 中央区千日前2-3-9　建設年 1955年　設計 志井銀次郎

V・イ・1
→P.98

ガイドツアー　要申込

日時＝10月26日（土）・27日（日）両日とも14時～15時
定員＝各30名／参加費＝無料
案内人＝ユニバース関係者　［申込方法］P.03参照
- 地下1階のユニバースは両日ともにイベント開催のためコースに含まれません。あらかじめご了承ください。

かつて米LIFE誌にも掲載された大キャバレーが一世を風靡。近年は地下に移った元キャバレーのインテリアが再評価され、有名ミュージシャンのライブ会場として定着。5階大宴会場のデザインも極めて個性的。

103 株式会社モリサワ本社ビル

所在地 浪速区敷津東2-6-25　建設年 2009年　設計 東畑設計事務所

V・ア・2
→P.98

特別公開
日時＝10月26日(土)・27日(日) 両日とも13時〜17時
定員＝なし／参加費＝無料　●飲食厳禁です。

モリサワは1924（大正13）年に創業し、大阪に本社を構える「文字」のトップメーカー。普段予約が必要なMORISAWA SQUAREでは、同社発明の写植機など企業の歴史と共に、文字に関する貴重なコレクションを展示。

104 西光寺

所在地 阿倍野区松崎町2-3-44　建設年 2015年　設計 コンパス建築工房（西濱浩次）

V・ウ・4
→P.98

特別公開
日時＝10月27日(日) 10時〜12時、13時〜15時
定員＝なし（小学生以上）／参加費＝無料
● 一部お寺の大切なご本尊のご安置されている場所（内陣）へはお入りいただけません。
● 建物内でのご飲食並びに喫煙はご遠慮ください。
● 時間内は、住職と設計者が常駐しています。

トークセミナー「お寺の変遷」
日時＝10月27日(日) ①11時〜　②14時〜（各回約40分）
定員＝なし（中学生以上）／参加費＝無料
出演者＝西光寺住職、コンパス建築工房代表

400年以上の歴史を持つ寺院が現代的に建て替えられた。打放しコンクリートの奥に、市街地の賑わいの中でも厳かな空気が感じられるよう、本堂まで続く約35mの参道を設計。以前の梵鐘や木造装飾などが随所に再配置されている。

建物からの一言　庭や古い彫刻とコンクリートの融合をご覧下さい。

105 ギャラリー再会 [国登録有形文化財]

所在地 浪速区恵美須東1-4-16　建設年 1953年　設計 石井修

V・イ・3
→P.98

特別公開
日時＝10月26日(土) 10時〜12時、10月27日(日) 10時〜15時
定員＝なし／参加費＝無料

繊細で可憐なデザインが、ヨーロッパの田舎町のような風情をかもし出す。店内では美しい曲線を描く階段が出迎える。以前は1階が若者、2階がカップル専用の喫茶スペースで、お見合いの席として利用されていたとも。

建物からの一言　10月26日(土) 14時から、ジャズシンガー・岩井ゆき子さんのライブ（有料）があります。問合せ：工房盤 0729-81-2084

E スペシャルツアー
日本建築協会Presents! 天王寺の近代遺産と下寺町の台地を歩く

日時＝10月27日（日）13時30分～（約180分）／定員＝30名
参加費＝拝観料・入園料（450円を当日徴収します）／案内人＝山形政昭、橋寺知子（P.12参照）

[要申込]

[申込方法] P.03参照　●歩きやすい靴・服装でご参加ください。

聖徳太子ゆかりの四天王寺、大坂夏の陣の茶臼山…、歴史ある天王寺界隈ですが、明治期には大阪初の博覧会が開かれ、跡地の天王寺公園には住友家ゆかりの庭園やモダンな美術館が、また再建された通天閣や鉄筋コンクリート造の四天王寺中心伽藍も存在し、近現代の大阪のあゆみも建築を通して感じることができます。今も変貌し続ける町を日本建築協会の記録資料とマップ片手に探訪します。

山形政昭 やまがた まさあき
1949年大阪生まれ。京都工芸繊維大学工芸学部建築学科卒業、同大学院修士課程終了。工学博士。現在、大阪芸術大学芸術学部建築学科教授。建築史、建築計画専攻、とりわけ日本の近代建築、住宅建築を専門領域とする。

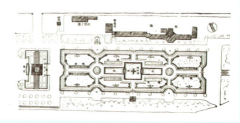

「建築と社会」1934（昭和9）年4月号 特集「公園」「新天王寺公園グラフ」より「沈床花壇」

106　大阪くらしの今昔館

所在地 北区天神橋6-4-20　建設年 2001年　設計 日建設計、大阪くらしの今昔館

♀ P.92

町家の小屋組み・軸組み公開
通常非公開の町家の2階を公開します。
日時＝10月26日（土）・27日（日）
　　　両日とも13時30分～16時
定員＝なし／参加費＝無料　●階段で2階に上がります。

ワークショップ：カンナがけ体験
大工道具カンナを使って材木を削ります。
日時＝10月26日（土）・27日（日）
　　　両日とも13時30分～16時
定員＝なし（小学生以上）／参加費＝無料

大阪という都市の江戸後期から昭和まで、「住まいと暮らしの歴史と文化」をテーマにした日本初の専門ミュージアム。江戸時代の大坂の町並みを、綿密な考証に基づいて実物大で再現したフロアは圧巻。外国人観光客にも大人気。

[建物からの一言] 住まいとくらしの歴史や文化を紹介する専門ミュージアムです。

ガイドブック特典
入館無料
● 提示場所＝8階チケット売り場
● 日時＝10月26日、27日 10時～16時30分
● 1冊で1名様無料

107　池辺陽　最小限住宅No32

所在地 非公表　建設年 1955年／2017年（一部リフォーム）　設計 池辺陽（監理：西澤文隆）

建築家・池辺陽が戦後日本の住宅問題への解答として示した「立体最小限住宅」が、大阪に現存していた。坂倉準三建築研究所の大阪所長を務めていた建築家・西澤文隆が、現場監理を担当したというのも驚きである。

建物からの一言　築65年、独立した生活空間、必要に応じた使い方ができる最小限住宅。施主と設計・監理・施工3者との綿密な協力で実現した"音楽練習小屋"です。

ガイドツアー　要申込

日時＝10月26日（土）・27日（日）両日とも①10時〜　②13時30分〜（各回約60分）
案内人＝オーナー、スガショウタロウ
定員＝各10名／参加費＝無料　申込方法　P.03参照
- 西田辺駅より徒歩5分。当選者にのみ詳しい集合場所等をお知らせします。

スガショウタロウ
SUGA ATELIER 主宰。建築家。1956年大阪生まれ。阿倍野区に自宅兼アトリエ。日々新たに感じられる空間の設計に取り組む。大阪市立大学、京都府立大学、近畿大学非常勤講師。

108　梲家（うだつや）

所在地 西成区玉出東1-5-17　建設年 1913年／2018年（宿泊施設としてリノベーション）　設計 不明

 　→P.101

特別公開

日時＝10月26日（土）・27日（日）
　　　両日とも10時〜17時
定員＝なし／参加費＝無料
- 併せて未生流家元十世未生斉 肥原慶甫氏のいけばな作品を展示いたします。
- 混雑時は入場制限あり（一度に10名まで）
- 少人数でゆったり観賞していただきたく、多数ご来場の場合は、お待ち頂くことになります。

岸里玉出駅至近の住宅街にひっそりと佇む隠れ家的な宿泊施設は、1913（大正2）年に建てられた規模の大きな町家建築。座敷などの造作はそのままに、屋根裏のようなつし2階は宿泊室へとうまく活用されている。

建物からの一言　大正初期建築の古民家を、できるだけよい状態で残したく、宿泊施設に改装しました。年に数回、古典芸能や、アコースティック楽器のライブ、ご法事やご宴会にも使っていただいています。海外からのゲスト様には、日本文化を体験する場として、また、幼い頃この家であそんだことがあるという、ご近所の方々にも入りやすい場でありますよう工夫を続けています。

109 八木市造邸

所在地 非公表　建設年 1930年　設計 藤井厚二

最近重要文化財となった聴竹居を設計した建築家、藤井厚二が手がけた住宅建築のひとつ。京阪の香里園開発に合わせて建てられた。現存する藤井作品のなかでは、とりわけオリジナルの家具や調度の保存状態が素晴らしい。

建物からの一言 建築から家具や丁度品まで藤井厚二のトータルデザインをご覧ください。

ガイドツアー　日時＝10月28日（日）①10時～ ②11時～ ③12時～ ④13時～ ⑤14時～（各回約50分）[要申込]
定員＝各20名（小学4年生以上）／参加費＝無料／案内人＝八木邸倶楽部　［申込方法］P.03参照
- 京阪香里園駅より徒歩3分
- 当選者にのみ、後日詳しい所在地をお知らせします。

110 中央工学校OSAKA一号館

所在地 豊中市寺内1-1-43　建設年 1988年　設計 丹下健三

特別公開 & 展示
竣工写真や図面、3D（BIM）モデルなどを展示。さまざまな視点から建物を紹介します。
日時＝10月26日（土）・27日（日）
　　　両日とも10時～16時
定員＝なし／参加費＝無料

ガイドブック特典
オリジナルポストカード
- 提示場所＝1階受付
- 日時＝特別公開＆展示の日時に準ずる。
- 各日先着50名
- 1冊のご提示につき1枚贈呈。

数少ない大阪の丹下健三設計の校舎は、巨匠75歳頃の作品。千里丘陵の豊かな緑を背景に、連続するヴォールト屋根が映える。狭い敷地の校舎にたくみに吹抜空間を挿入することで、学びの場としての一体感が生まれている。

建物からの一言 今年初参加！大阪では珍しい丹下建築です。ぜひ、お立ち寄りください！

111 センチュリー・オーケストラハウス

所在地 豊中市服部緑地1-7　建設年 1989年　設計 大阪府建築部営繕室

特別公開　[要申込]
日時＝10月27日（日）①10時～ ②10時45分～（各回約30分）
定員＝各20名／参加費＝無料　［申込方法］P.03参照
- 受付から公開するリハーサルスタジオへは階段のみの移動です。
- 楽器や備品にはお手を触れないでください。

緑地公園の一角に設けられた音楽のための空間。野外音楽堂に併設されたオーケストラハウスは、日本センチュリー交響楽団の練習拠点で、音響効果を考慮した不定形な練習室と、大きな合奏室で構成されている。

建物からの一言 普段は入ることができないオーケストラのリハーサルスタジオをご覧いただけます。

112 近畿大学 アカデミックシアター

所在地 東大阪市小若江3-4-1　建設年 2016年　設計 NTTファシリティーズ

ガイドツアー　要申込

日時＝10月26日(土)
①13時30分～ ②16時～ ③18時～
（各回約90分）
定員＝各10名(小学生以上)／参加費＝無料
案内人＝畠山 文聡［NTTファシリティーズ］

［申込方法］P.03参照

- 開館時間内の見学となりますので、学生の学習の妨げにならないよう、ご協力ください。
- 撮影に際しては、施設利用者の顔が写り込まないよう、プライバシーに配慮して下さい。

photo. SS大阪

従来の大学図書館の概念を大きく超えたビブリオシアターを中心に、最新の大学施設が集約された複合建築は、全体がひとつの免震構造で支えられている。人と情報の偶発的な出会いを生みだす、都市のようなデザイン。

［建物からの一言］斬新なデザインで話題のアカデミックシアターを、設計者の解説付きでぜひ体験して下さい。

畠山 文聡　はたけやま ふみあき
神戸大学工学部建築学科卒業、同大学大学院修了。NTTファシリティーズ入社。医療・学校・オフィス・保育・研修施設など多岐の建築設計を行う。
2017年近畿大学アカデミックシアター他作品により第14回関西建築家大賞受賞。

COLUMN　広がるイケフェス大阪の輪　髙岡伸一

イケフェス大阪は、毎年その規模を拡大し続けています。最初は都心部、特に大大阪時代に建てられた近代建築が集積する御堂筋沿いの北船場をコアに始まったイケフェス大阪ですが、昨年は海の玄関口として栄えた築港エリアが港湾局や港区役所の協力によって仲間入りし、今年は豊中市の服部緑地が加わって北摂地域が更に充実、そして東成区や東大阪市など、大阪市の東部にもエリアが拡大しました。

もちろん魅力的な「生きた建築」は、都心に限ったものではありません。港湾地域や郊外都市、住工混在エリアなど、都心では見られないその地域ならではの建築を見出すことができます。普段なかなか足を運ばないからこそ、イケフェス大阪の機会を利用して、初めての場所を訪ねてみるのも面白いでしょう。イケフェス大阪がモデルにしているオープンハウスロンドンを訪ねてみると、参加している人たちは見学する建築の数ではなく、ひとつの場所でゆっくり過ごす、そんな楽しみ方をしているように感じます。都心から離れた建築公開に参加すれば、回れる建築の数は少なくなりますが、ひとつの建築をじっくりと見学したり、また周辺の街を散策して自分ならではの「生きた建築」を発見してみたりと、新たなイケフェス大阪の楽しみ方ができるのではないでしょうか。

髙岡伸一　たかおか しんいち
1970年大阪生まれ。建築家、近畿大学建築学部准教授。博士(工学)。大阪を主なフィールドに、建築ストックの改修設計や、近現代建築を活用したイベントなど、様々な手法を用いて大阪の都市再生に取り組む。生きた建築ミュージアム大阪実行委員会事務局長。主な作品に大正時代の銀行をリノベーションした「井池繊維会館」(2016)など、主な著書に「新・大阪モダン建築」(共著、2019)など。

特集 4 夜フェスのすすめ

優雅に大人な「夜フェス」のススメ。まずは遅い時間からでも参加可能なプログラムや魅惑のライトアップから。生きた建築の中にあるバーやレストランで、静かで贅沢な時間を過ごすのも良いでしょう。カプセルホテルに泊まってみる、というのは上級編？ 自分なりの「夜フェス」で、昼間とは違った表情を見せる生きた建築たちと大阪のまちを心ゆくまでご堪能ください。

ライトアップ

夜の生きた建築たちにもたくさん出会ってください。(当ガイドブックで 🌙 の記載があるもの)

(左) 93 原田産業株式会社大阪本社ビル(P.60)　(右) 91 井池繊維会館(P.57)

3 大阪市中央公会堂(P.13)、4 通天閣(P.13)、8 芝川ビル(P.38)、34 三井住友銀行大阪本店ビル(P.30)、
36 日本銀行大阪支店(P.31)、41 グランサンクタス淀屋橋(P.32)、42 日本生命保険相互会社本館(P.33)、
43 今橋ビルヂング[旧大阪市中央消防署今橋出張所](P.33)、44 大阪倶楽部(P.33)、
50 三菱UFJ銀行大阪ビル本館(P.38)、54 伏見町 旧宗田家住居(P.40)、55 伏見ビル(P.40)、56 青山ビル(P.41)、
57 武田道修町ビル(P.42)、58 田辺三菱製薬株式会社本社ビル(P.42)、62 新井ビル(P.44)、
63 三井住友銀行大阪中央支店・天満橋支店(P.44)、64 大阪証券取引所ビル(P.45)、66 生駒ビルヂング(P.46)、
75 ルポンドシエルビル[大林組旧本店](P.50)、78 讀賣テレビ放送株式会社本社屋(P.52)、
81 ミライザ大阪(大阪城公園)(P.53)、87 立売堀ビルディング(P.56)、88 長瀬産業株式会社大阪本社ビル(P.56)、
92 大丸心斎橋本館(P.58)、94 大阪農林会館(P.60)、95 堺筋倶楽部(P.61)、101 南海ビル(高島屋大阪店ほか)(P.64)、
108 桝家(P.67)、132 綿業会館(P.79)、133 大阪市立美術館(P.79)

夜も楽しめるプログラム

メインイベント期間中、17時30分以降も参加可能なプログラムをまとめてご紹介します。申込みが必要なものや、終了時間が比較的早いものもありますので、各プログラムの詳細をご確認のうえ、お訪ねください。

79 OMM
屋上特別公開 →P.52

86 オリックス本町ビル
休日特別開館 →P.55

95 堺筋倶楽部
特別公開
→P.61

イケフェス大阪2019 クロージングシンポジウム
→P.78

2017年の模様

- 18 リーチバー…ガイドブック特典(P.21)、30 江戸堀コダマビル…写真展(P.28)、
- 41 グランサンクタス淀屋橋…コーヒーの試飲販売(P.32)、50 三菱UFJ銀行大阪ビル本館…展示(P.38)、
- 56 青山ビル…展示など(P.41)、76 山本能楽堂…トークイベント(P.50)、85 上町荘…トークイベント(P.55)、
- 87 立売堀ビルディング…展示(P.56)、92 大丸心斎橋店本館…夜間特別見学会(P.58)、
- 96 新桜川ビル…特別公開(P.61)、101 髙島屋大阪店…展示(P.64)、
- 112 近畿大学 アカデミックシアター…ガイドツアー(P.69)

特集 4 都市計画100周年

COLUMN
世紀を超えて、積み重なり、つながる大阪の都市づくり
嘉名光市

新たな令和の時代を迎えた今年は、旧・都市計画法制定、そして大阪の本格的な近代都市計画(大阪市区改正設計)が1919(大正8)年に決定されてから100年を迎える記念すべき年でもあります。

古代、難波津を起源にもつ大阪は、近世の織豊・江戸期には城下町のまちづくりが進められましたが、明治に入ると大阪築港、新淀川開削、上下水道、市電・市電道路の整備など都市改造を中心として近代化が始まりました。大正には、御堂筋や中之島橋梁群など第一次大阪都市計画事業をはじめ、本格的な都市計画に着手しました。郊外では市域拡張に伴う土地区画整理など新市街地の形成に取り組み、大大阪に相応しい都市づくりが進められました。

大阪の都市づくりの特徴は、古代から近世につくられた基盤を今に受けつぎ、その上に明治、大正、昭和、平成と時代ごとの都市づくりが加わり、地層のように積み重なり、時代を超えてつながっているところにあります。例えば、大阪都心には豊臣秀吉が開削した東横堀川が流れ、近世に整備された碁盤目状街区や太閤下水をいまも使い、大大阪時代に整備された御堂筋や中之島橋梁群も現役を続けています。これらは各時代を代表する建築と並んで大阪を代表する生きた資源といえるでしょう。

先人が築いた財産を受け継ぎながら、津波、高潮、地震など数々の災害に立ち向かい、多様化する都市活動を支え、補修や維持管理を繰り返し、次代の新たな都市づくりがそこに加わりながら、生きた都市・大阪が絶え間なくつくられ続けています。

都市計画記念として今年のイケフェス大阪では、オープンハウスロンドンなど海外のオープンハウスで建築とともに広く公開されている、都市インフラや新たな都市づくりも公開します。鶴見緑地では花博の際に建築された磯崎新作品を公開します。古代、近世から現代に至る大阪の都市づくりの足跡、そして河川、水門、街路、上下水道、新駅整備、鉄道など、時代を超えて多岐に渡る大阪の都市づくりの現場をぜひ体験してください。

↑ 大阪市区改正設計図(部分)

↑ グレート大阪ノ代表橋新装ノ天神橋

嘉名光市 かな こういち
専門は都市計画・都市デザイン。大阪市立大学大学院工学研究科教授。著書に『都市を変える水辺アクション 実践ガイド』等。

113 安治川水門と津波・高潮ステーション

ガイドツアー：津波・高潮ステーションでのガイダンス　[要申込]

安治川水門見学の前に津波・高潮ステーションへのご来館をお勧めします。津波・高潮ステーションは高潮や津波についての知識や安治川水門など防潮施設の働きについて楽しく学べる施設です。
日時＝10月26日(土)　①10時30分〜　②13時30分〜（各回約90分）
定員＝各20名／参加費＝無料　・津波・高潮ステーションは「阿波座駅」より徒歩約2分

[申込方法] 電話またはFAXにて　[人数制限] 1通の申込につき4名まで　[必要事項] (1)希望される時間(①10時30分〜、②13時30分〜いずれか1つ)、(2)参加者氏名・年齢、(3)代表者のご連絡先(住所・電話番号)　[申込宛先] 電話 06-6541-7799　FAX 06-6541-7760　*必ず「イケフェス申込」とお伝えください　[締切] 10月11日(金)16時まで

安治川水門特別公開

日時＝10月26日(土)　①10時45分〜　②11時45分〜　③13時45分〜　④15時45分〜（各回約30分）／定員＝各20名／参加費＝無料
・安治川水門は弁天町駅より徒歩約15分。・荒天時等には急遽中止させて頂く場合があります。
・管理棟前で各回15分前より受付を開始します。・誓約書のご記入をお願いします。　[当日先着]

114 寝屋川北部地下河川 守口立坑

所在地　守口市南寺方東通4-27-8　建設年　2013年(着手)／2017年(竣工)　設計　日本シビックコンサルタント 大阪支店

ガイドツアー：ミステリーサークルの地下には巨大で秘密の空間が！　[要申込]

守口立坑は、2020年度供用開始予定の寝屋川北部地下河川(守口調節池)のシールド発進立坑です。普段は入ることはできませんが、今回特別に公開します。
日時＝10月26日(土)　①10時〜　②11時〜（各回約40分）
定員＝各30名(小学生以下は保護者同伴)／参加費＝無料／案内人＝寝屋川水系改修工営所職員
・大阪府域に大雨／洪水注意報が発令、または発令が見込まれる場合は中止します。・施設の見学に当たり、約40メートル(ビル13階相当)の階段の昇降を伴います。・足元が悪い箇所がありますので、歩きやすい靴、服装(スカート不可)でお越し下さい。

115 大阪府立狭山池博物館

所在地　大阪狭山市池尻中2丁目　建設年　1999年／2001年(博物館開設)　設計　安藤忠雄建築研究所

ガイドツアー　[要申込]

日時＝10月26日(土)　14時〜（約60分）
定員＝20名／参加費＝無料
案内人＝博物館職員
[申込方法] P.03参照
・階段でしか移動できない場所があります。・展示資料には触れることができません。

見たことのない光景を作り出す安藤忠雄の構想力の大きさが分かる一作。狭山池の風景の一部となった巨大な箱には、移築展示された幅約60mの堤が収まり、長大な水庭空間も圧巻。建物の内外に共通して、土木スケールの空間と時間が流れている。

[建物からの一言] 普段見ることができない収蔵庫を公開！博物館では1400年前の治水に関わる土木遺産を見ることができます。通常ガイドは、期間外の通常開館日でも対応可能です。

116 陳列館ホール（花博記念ホール）

所在地 鶴見区緑地公園2-135　建設年 1990年　設計 磯崎新

ガイドツアー　要申込

日時＝10月26日（土）①14時～ ②15時30分～（各回約40分）
定員＝各20名／参加費＝無料／案内＝大阪市職員
[申込方法] P.03参照
- 階段でしか移動できない場所があります。● 施設利用中ですので、マナーを守ってご覧下さい。
- 施設利用者の方が写らないようにご配慮下さい。

[建物からの一言] 普段は非公開の部分も公開、鶴見緑地をバルコニーから一望できます。

117 水の館ホール（ハナミズキホール）・鶴見スポーツセンター

所在地 鶴見区緑地公園2-163　建設年 1990年　設計 磯崎新

特別公開

日時＝10月26日（土）10時～16時30分／定員＝なし／参加費＝無料
- 混雑時には、入場を制限することがあります。● 階段でしか移動できない場所があります。
- 施設利用中ですので、マナーを守ってご覧下さい。● 施設利用者の方が写らないようにご配慮下さい。● 当日の受付は、鶴見スポーツセンター入口です。

[建物からの一言] 水に浮かぶ大輪の花をイメージした屋根が特徴的です。

118 水道記念館（旧第1送水ポンプ場）（国登録有形文化財）

所在地 東淀川区柴島1-3-1　建設年 1914年／1995年（保存改修）　設計 宗兵蔵、大阪市／東畑建築事務所、大阪市水道局

柴島浄水場は大阪市内に現存する最も古い浄水場。東洋一と称された1914年の完成時からの第1送水ポンプ場を保存・改修して、1995年に水道記念館が開館した。関西を中心に多くの建築を手がけた宗兵蔵の作品としても貴重。

[建物からの一言] 水道記念館は登録有形文化財、柴島浄水場総合管理棟は初公開です。

↑水道記念館（上）
柴島浄水場総合管理棟（下）

ガイドツアー　水道記念館から柴島浄水場総合管理棟を巡ります。　要申込（先着）

日時＝10月26日（土）①10時30分～ ②13時～ ③15時～（各回約60分）
定員＝各20名／参加費＝無料／案内＝大阪市水道局職員
- 施設内外を歩いて巡ります。歩きやすい靴、服装でお越しください。
- 特に衛生管理が必要な個所を通行します。ガイドツアー中は職員の指示に従ってください。
- アンケートに協力くださった方には、大阪市水道局特製クリアボトルをプレゼント。

[申込方法] インターネット受付　[人数制限] 1通の申込につき4名まで
[必要事項]（1）希望される時間（①10時30分～、②13時～、③15時～いずれか1つ）、（2）参加者氏名・年齢、（3）代表者のご連絡先（氏名・住所・電話番号・メールアドレス）
[申込宛先] 大阪市水道局HPへ　[受付期間] 9月30日（月）10時から10月21日（月）17時まで

119 中之島橋梁群
所在地 北区・中央区・西区　建設年 1935年等

中之島の橋を巡る！案内ツアー　[要申込]

天満橋〜水晶橋〜淀屋橋〜錦橋を歩きながら、橋の歴史性などを紹介する。
日時＝10月27日(日) ①10時〜 ②13時30分〜
　　　(各回約120分)
定員＝各30名(小学生以上)／参加費＝無料
[申込方法] P.03参照
- 歩いて各橋を巡ります。動きやすい服装、靴でお越しください。
- 階段の登り降りもあります。
- 雨天の場合は中止することがあります。

120 堂島大橋改良事業
所在地 北区・福島区　建設年 1927年

現場見学会　[要申込]

堂島大橋改良事業の工事現場の見学を行う。
日時＝10月23日(水) 15時〜(約60分)
定員＝30名(高校生以上)／参加費＝無料
[申込方法] P.03参照
- 工事現場の視察ですので、長袖・長ズボンを着用してください。
- 靴は動きやすいものでご参加ください。
- 雨天の場合は中止することがあります。

121 JR東海道線支線地下化
所在地 北区　建設年 工事中

現場見学会　[要申込]

JR東海道線支線地下化事業の工事現場の見学を行う。
日時＝10月23日(水) 15時〜(約60分)
定員＝30名(高校生以上)／参加費＝無料
[申込方法] P.03参照
- 工事現場の視察ですので、長袖・長ズボンを着用してください。
- 靴は動きやすいものでご参加ください。
- 雨天の場合は中止することがあります。

122 阪急連続立体交差事業
所在地 東淀川区　建設年 工事中

現場見学会　[要申込]

阪急連続立体交差事業の工事現場の見学を行う。
日時＝10月24日(木) 15時〜(約60分)
定員＝30名(小学生以上)／参加費＝無料
[申込方法] P.03参照
- 高架構造物の上からの見学ですので工事用階段の登り降があります。
- 雨天の場合は中止することがあります。

123 平野下水処理場
所在地 平野区加美北2-6-69　建設年 1972年(地下配管廊)／2014年(炭化炉棟)

地下配管廊・炭化炉棟見学会　[要申込]

地下配管廊および炭化炉棟内部及び外観を見学を行う。
日時＝10月26日(土) 10時30分〜(約60分)／定員＝20名／参加費＝無料　[申込方法] P.03参照
- 歩きやすい靴を履いてお越しください。
- 施設内の壁に触れるなどで被服が汚れる場合があります。
- 階段を利用します。

124 御堂筋
所在地 中央区　建設年 1937年

御堂筋案内ツアー　[要申込]

御堂筋の歴史(銀杏含む)解説に加えて、パークレット社会実験(本町)、御堂筋沿道の生きた建築ミュージアム・大阪セレクション等について、現地で説明します。
【午前の部】御堂筋の北側である淀屋橋～本町間を散策
【午後の部】御堂筋の南側である本町～難波間を散策
日時＝10月27日(日) ①10時30分～ ②14時～
(各回約90分)
定員＝各20名(小学生以上)／参加費＝無料
[申込方法] P.03参照
- 御堂筋を歩いて巡りますので、動きやすい服装、靴でお越しください。
- 雨天の場合は中止することがあります。

125 逢阪会所ポンプ施設
所在地 天王寺区茶臼山町(天王寺動物園内)　建設年 2017年

地下50m 下水道設備の見学　[要申込]

道頓堀川の水質浄化対策として整備した平成の太閤下水(貯留管)の排水ポンプの見学。エレベーターで地下約50mまで降ります。(貯留管は見ることができません)。
日時＝10月26日(土) 10時～
定員＝15名(小学生以上)／参加費＝無料
[申込方法] P.03参照
- 明示した範囲内からの見学となります。● 必ず係員の指示に従ってください。指示に従っていただけない場合は見学をお断りする場合がございます。● 動きやすい服装、靴でお越し下さい。● ヘルメットと軍手の着用をしていただきます。(貸出あり)● 雨天は中止します。(気象庁の気象情報で前日17時または当日5時の情報で当日の6-18時の降水確率が30%以上で中止)● 見学終了後は現地解散。

126 東横堀川水門
所在地 中央区高麗橋1丁目　建設年 2001年

見学会　[要申込]

東横堀川水門の施設見学および水門設置の目的・水門のはたらき等を紹介する。
日時＝10月26日(土) ①11時～ ②12時30分～
③14時30分～(各回約60分)
定員＝30名(小学生以上)／参加費＝無料
[申込方法] P.03参照
- 動きやすい服装、靴でお越し下さい。階段の登り降りがあります。
- 少雨決行しますが、大阪市に10時現在で警報(大雨警報等)発令時には中止します。

127 中浜新ポンプ棟
所在地 城東区　建設年 2011年

見学会　[要申込]

地上高さ53m、深さ47m、直径37mの円筒形の建築物。建物の中に入り、毎秒19㎥の排水能力を持つポンプや監視室の見学を行います。
日時＝10月26日(土) ①11時～ ②13時30分～
定員＝15名／参加費＝無料
[申込方法] P.03参照
- 階段の昇り降りがあります。動きやすい服装、靴でお越し下さい。
- ①については7時、②については11時の時点において、大阪市域に大雨もしくは洪水注意報が発令されている場合は見学を中止します。

128 | 此花下水処理場ポンプ場
所在地 此花区酉島5-10-62　建設年 建設中

新ポンプ場建設工事現場と下水処理場見学会　[要申込]

現在建設中の此花下水処理場ポンプ場を見ていただいたあと此花下水処理場の水処理施設をご案内します。
日時＝10月26日(土) 14時～(約90分)
定員＝15名(小学生以上)／参加費＝無料
[申込方法] P.03参照
● 階段を利用します。車いすの利用はできません。● 見学ルートには、階段の登り降り、段差や障害物があります。歩きやすい靴、服装でご参加ください。● 小学生以下は保護者同伴でお願いします。● 工事現場では、担当者の指示に従い、安全ルールを守ってください。● 雨天や強風の場合は中止することがあります。また、工事施工中のため、都合により工事現場の見学を中止させていただく場合がありますので、あらかじめご了承願います。● 見学場所には駐車場がございません。公共交通機関をご利用のうえお越しいただきますようお願いします。

129 | 金蔵
所在地 中央区大阪城1-1(大阪城公園内)　建設年 1751年

重要文化財「金蔵」の公開と案内　[要申込]

重要文化財である金蔵を公開し、その歴史性などをご紹介します。
日時＝10月26日(土) ①11時～ ②13時～ ③14時～(各回約30分)
定員＝各20名／参加費＝無料
案内人＝大阪市 学芸員　[申込方法] P.03参照
● 建物内は暗い箇所もあるため、懐中電灯等の照明器具をお持参ください。● 小学生以下は、保護者同伴でお願いします。● 重要文化財ですので、接触や汚損することのないよう見学いただくとともに、ガイドの指示に従って見学ください。● 雨天決行です(大雨や暴風等の「警報が発令されている場合は中止)。

130 | 舞洲スラッジセンター
所在地 此花区　建設年 2004年

下水の汚泥処理施設見学会　[要申込]

環境保護芸術家として有名な故フリーデンスライヒ・フンデルトヴァッサー氏が外観デザインをした汚泥処理施設。汚泥処理施設の一般的な見学を行う。
日時＝10月26日(土) ①10時～ ②13時～ (各回約90分)
定員＝各20名／参加費＝無料
[申込方法] P.03参照
● 当日の見学時間帯(10時頃～14時30分頃)は1階エントランスホール(フンデルトヴァッサー氏がデザイン)を開放するので自由見学は可能です。● 小学生以下は保護者同伴でお願いします。● 駐車場はありますが台数に限りがありますので、極力、公共交通機関でのご来場をお願いします。

131 | 太閤(背割)下水
所在地 中央区(南大江小学校西側)　建設年 江戸時代後期

現場見学会　[要申込]

見学施設が地下施設となっており、階段にて地下へ約3m降ります。地下に入ると、内のりで幅・高さとも約2m、高さ7段、横2列にわたる石積みとなる現存する最大の太閤(背割)下水を見学できます。地上からも地上に設置したのぞき窓から内部の石積みを見学できます。
日時＝10月26日(土) ①10時～ ②11時～ ③12時～(各回約15分)
定員＝各10名／参加費＝無料
[申込方法] P.03参照

生きた建築ミュージアムフェスティバル大阪2019 クロージングシンポジウム

> **第1部** イケフェス大阪からOPEN HOUSE OSAKAへ
> ～新たなフェーズを迎えた「生きた建築」～
> **当日先着**
>
> **第2部** イケフェス大阪×日経アーキテクチュア・建築巡礼
> ～大阪の建築家はこの10人！～
>
> 日時＝10月27日(日) 16時30分〜19時(16時開場)
> 場所＝ 72 御堂ビル［竹中工務店大阪本店］1階いちょうホール
> 定員＝150名／参加費＝無料
> 出演＝［第1部］橋爪紳也(P.7参照)、嘉名光市(P.72参照)、倉方俊輔(P.15参照)
> 　　　［第2部］宮沢洋、磯達雄、橋爪紳也、髙岡伸一(P.69参照)

今年のクロージングシンポジウムは会場を御堂ビルに戻しての2部構成。第1部はイケフェス大阪がオープンハウスワールドワイドへ加盟し、晴れてオープンハウス大阪となったことを記念して、橋爪紳也実行委員会委員長からの報告と、今後の展望を巡って実行委員メンバーが議論します。9月に開催されたばかりのオープンハウスロンドンの最新レポートや、他都市のオープンハウスの紹介も。

第2部では建築専門雑誌「日経アーキテクチュア」を発行する日経BPとの共同企画として、名物連載として次々書籍化されている「建築巡礼」シリーズを担当する、建築ジャーナリスト磯達雄さんと宮沢洋編集長の名コンビを招いてのトークセッション。日本全国の名建築を巡礼してきた二人の目に、大阪の「生きた建築」はどう映るのか、宮沢編集長が描く建築家の似顔絵イラストも交えながら、大阪を代表する建築家を10名選出してみることで、その個性と魅力を探ります。

宮沢 洋

磯 達雄

橋爪紳也
↑（全て）イラスト：宮沢 洋

↑ 2017年のクロージングシンポジウムの様子

↑「プレモダン建築巡礼」(2018)

宮沢 洋
みやざわ ひろし

1967年東京生まれ。1990年早稲田大学政治経済学部政治学科卒業、日経BP入社。日経アーキテクチュアに配属。2005年から連載「建築巡礼」のイラストを担当。2016年から日経アーキテクチュア編集長。連載「建築巡礼」は15年目に突入。共著に「ポストモダン建築巡礼」「菊竹清訓巡礼」「プレモダン建築巡礼」「昭和モダン建築巡礼・完全版1945-1964」「同1965-1975」(2019年12月上旬発刊予定)

磯 達雄
いそ たつお

1963年埼玉県生まれ。編集事務所フリックスタジオ共同主宰、桑沢デザイン研究所非常勤講師、武蔵野美術大学非常勤講師。建築ジャーナリストとして、専門誌や一般誌に建築の記事を執筆。著書に「634の魂」、共著に「昭和モダン建築巡礼・完全版1945-1964」「ポストモダン建築巡礼」「菊竹清訓巡礼」「プレモダン建築巡礼」「ぼくらが夢見た未来都市」など。

アフターイベント

あっという間の2日間が過ぎたら、アフターイベントでクールダウン。
事故なく、怪我無く、つつがなく。年に一度の大建築祭、
最後の最後まで、一緒に楽しみきりましょう！

132 綿業会館 ［国指定重要文化財］

所在地 中央区備後町2-5-8　建設年 1931年　設計 渡辺 節

→P.95　Ⅱ・エ・3

ガイドツアー　［要申込］

日時＝10月28日（月）①14時〜　②15時〜　③16時〜（各回約30分）
定員＝各25名／参加費＝無料／案内人＝綿業会館 事務局長、総務部長
［申込方法］P.03参照

- 小学生以下は保護者同伴。　● 館内での飲食はご遠慮下さい。
- 写真撮影に関しては条件がありますのであらかじめご了承下さい。

街に品格を与える外観。内部の吹き抜けを囲んで、豪奢な各室が並ぶ。民間の紡績繊維産業関係者の寄付で建設され、今も使われている重要文化財。大阪の歴史的な公共性がヨーロッパやアメリカの都市と近いことが分かる。

［建物からの一言］ 昭和初期の傑作、綿業会館を特別公開！

133 大阪市立美術館 ［国登録有形文化財］

所在地 天王寺区茶臼山町1-82（天王寺公園内）　建設年 1936年／1992年（地下展覧会室新設）／1998年（南館改修）　設計 大阪市建築部営繕課

→P.98　Ⅴ・イ・3

ガイドツアー　［要申込］
「登録有形文化財・大阪市立美術館の休日」

日時＝10月28日（月）①10時〜　②14時〜（各回約100分）
定員＝各30名／参加費＝無料
案内人＝大阪市立美術館 学芸員　［申込方法］P.03参照

- 展覧会はご覧いただけません。
  ツアー途中、階段でしか移動できない場所があります。
- 写真撮影ができる場所は限られます。係員の指示に従ってください。

美術品はもちろん、建築にも注目したい。中央の屋根は日本の倉のよう。伝統文様の青海波を応用した鬼瓦も独特で、内部のホールにはイスラム風のアーチが用いられる。世界各地の要素を独創的に組み合わせたデザインなのだ。

［建物からの一言］ 普段は公開していない美術館の裏側を少しだけお見せします。

134 ハドソンストリート1947（北浜ゲイトビル8階）

所在地 中央区北浜2-1-21

Ⅱ・エ・2
→P.95

スペシャルイベント：澤田BAR　[要申込]

中之島の建築を眺めながらドリンク片手に
イケフェス関係者の話を聞く一夜限りのバー。
日時＝10月30日(水) 18時30分〜20時
定員＝20名(20歳以上)
参加費＝1,000円(ワンドリンク付き)
出演者＝倉方俊輔(P.15参照)、髙岡伸一(P.69参照)、澤田充
トークテーマ＝イケフェス大阪裏話を担当者に聞く
［申込方法］P.03参照

[建物からの一言] 夜景と、美味しいお酒と、すぐ誰かに言いたくなるような裏話。大人気のスペシャルイベント！早めの申込みをおススメします！イベント開始前には、大阪・船場が舞台の本や、建築本など700冊以上の蔵書を楽しんでいただくことも！皆さまのご参加お待ちしています！

ハドソンストリート1947
珈琲を飲みながら、お仕事や勉強、交流などができる会員制コミュニティースペース。窓からは大きく広がる空と中央公会堂、そして観光船が行き交う川を望むことができる眺めのよい空間です。

ハドソンストリート1947アートマップ
北船場を代表する18の建築物の特徴ある部分をモチーフにつくられています。
どんなモチーフが隠されているか、探してみてください。(答えあわせは会場にて)

澤田 充
さわだ みつる

生きた建築ミュージアム大阪実行委員会メンバー。街づくりや街ブランディングを業務とする、㈱ケイオス代表。主な業績：淀屋橋WEST／北船場くらぶ／北船場茶論／淀屋橋odona／本町ガーデンシティ／北浜プラザ／グランフロント大阪／グランサンクタス淀屋橋／北浜長屋／大阪エアポートワイナリー／新丸の内ビルディング／KITTE(東京)／「御堂筋イルミネーション業務」審査委員長／「そぞろ歩く御堂筋」審査員など。

---

135 グランフロント大阪

所在地 北区大深町4-1(うめきた広場)、4-20(南館)、3-1(北館)　建設年 2013年　設計 日建設計、三菱地所設計、NTTファシリティーズ

Ⅰ・イ・2
→P.93

ガイドツアー　[要申込]

日時＝11月6日(水)
①11時〜 ②13時〜(各回約60分)
定員＝各15名／参加費＝無料
案内人＝三菱地所株式会社 担当者(予定)
［申込方法］P.03参照

「まちびらき5周年」を迎えたグランフロント大阪。街の玄関口「うめきた広場」、街の顔となる「南館」、ナレッジキャピタルを擁する街の心臓部「北館」が複合し、季節感を感じるイベントなども多彩に展開している。

[建物からの一言] 今回のイケフェスでは、普段は入ることができないPRセンターを中心に各所をご案内します。

F スペシャルツアー
建築家・髙岡伸一さんと行く、生きた建築ツアー 〜築港エリア編〜

Ⅶ・ア
→P.100

昨年、大人気だったスペシャルツアー。
物流の主役が水運だった時代のモダン建築から、水際でまちを見守る働く建築まで。
水辺を生き抜く建築たちを髙岡伸一の案内で巡ります。

日時＝11月5日(火) 10時〜(約120分)／定員＝20名／参加費＝無料
案内人＝髙岡伸一(P.69参照)
コース＝中谷運輸築港ビル(旧商船三井築港ビル)、KLASI COLLEGE、大阪市水上消防署 など
[申込方法] P.03参照

要申込

↑昨年の様子

↑昨年の様子

↑中谷運輸築港ビル

↑KLASI COLLEGE

↑大阪市水上消防署

この他にも、アフター期間中のプログラムとして 101 髙島屋大阪店(P.64)、デジタルアーカイブで楽しむ大阪の近代建築(P.83)、修成建設専門学校創立110周年記念事業 公開講座『KENSETSU×つながる未来』(P.84)、Architects of the Year 2019 (日本橋の家) (P.84)、JIA近畿支部 建築週間(P.85) が開催されます。

イケフェス大阪2019 参加者アンケートにご協力ください

実行委員会では、イケフェス大阪の継続・発展に向け、
参加者アンケートを実施しています。
公式ホームページから簡単にご回答いただけます。
たくさんの声をお待ちしています。

● 実施期間：2019年10月中旬〜11月下旬ごろ

連携プログラム

今年も様々な方々のご協力により、たくさんの「連携プログラム」が実現しました。
いずれも、イケフェス大阪にあわせて企画いただいた特別なものばかりです。
イケフェス大阪定番の公開プログラムとあわせてお楽しみください。

連携 大阪〈生きた建築〉映画祭
―記憶の奥底に眠る〈大阪〉を呼び覚ませ！―

Ⅲ・ア・3
→P.96

ドキュメンタリー映画ではなく、劇映画で構成されるユニークな建築映画祭も、今年で記念すべき5回目を迎える。普段は登場人物たちの背景に控える建築物や、都市空間を前景化させ、映画が撮影された当時といまを比較することで、ひとつひとつの映画を超えた、都市の物語を浮かび上がらせる。現存しない建築や都市空間の「生きた」姿を発見できるのも、この「大阪〈生きた建築〉映画祭」の醍醐味。

夫婦善哉 ©東宝

日時＝10月19日(土)～25日(金)
会場＝シネ・ヌーヴォ (西区九条1-20-24 TEL: 06-6582-1416)
　　　交通＝大阪メトロ中央線「九条駅」6号出口、阪神なんば線「九条駅」2番出口徒歩3分
料金＝一般1,500円、学生1,100円、シニア1,100円、シネ・ヌーヴォ会員1,000円
　　　イケフェス大阪2019公式ガイドブックご持参で1,000円
主催＝シネ・ヌーヴォ／企画協力＝堀口徹 (近畿大学建築学部・准教授)／協力＝東宝、日活、新日本映像、西尾孔志
上映作品＝『ガキ帝国』(1981年／監督：井筒和幸)、『夫婦善哉』(1955年／監督：豊田四郎)、
　　　『黒薔薇昇天』(1975年／監督：神代辰巳)、『ナショナルアンセム』(2003年／監督：西尾孔志)
●10月20日(日) 20時からの『ナショナルアンセム』上映後、西尾孔志(映画監督)、堀口徹(建築映画探偵)、山崎紀子(シネ・ヌーヴォ)らによるクロストークを開催。プログラムの詳細などはシネ・ヌーヴォHPにて。http://www.cinenouveau.com

連携 ミニコンサート
(フジカワビル[丸一商店])

Ⅱ・オ・3
→P.95

日時＝10月27日(日) 【要申込】
　　　①11時～ ②14時～ ③16時～ ④18時～ (各回約30分)
定員＝各40名／参加費＝500円
● 丸一商店1Fギャラリー部分のみ特別公開致します。
● 丸一商店以外の建物共用部、エレベータ、階段は立ち入り禁止です。
● 入場は開演30分前からです。それ以前はお入り頂けません。

［申込方法］電話、メール、フェイスブック、ホームページ　［必要事項］お名前、人数、連絡先(電話もしくはメールアドレス)
［申込宛先］電話: 06-6201-0244／メール: info@maruichi-shoten.co.jp
　　　　　 フェイスブック: https://business.facebook.com/maruichishoten／ホームページ: http://maruichi-shoten.co.jp
　　　　　 ※フェイスブックでお申し込みされる方は、イベントページもしくは丸一商店へメッセージ

| 連携 | デジタルアーカイブで楽しむ大阪の近代建築 | Ⅵ・ア・4 →P.97 |

大阪市立図書館デジタルアーカイブの大阪の近代建築関係の画像のご紹介や、画像の探し方・保存方法などをご説明します。あわせて、大阪市立図書館所蔵の大阪の近代建築関係の図書もご紹介します。

「大阪名所 御堂筋」大阪市立図書館デジタルアーカイブより

日時＝10月28日(月) 14時～15時30分／会場＝大阪市立難波市民学習センター セミナー展示室
定員＝20名(多数抽選)／参加費＝無料／講師＝大阪市立中央図書館司書
主催＝大阪市立難波市民学習センター／問合せ＝大阪市立難波市民学習センター TEL: 06-6643-7010　**要申込**

[申込方法] 難波市民学習センターHP(https://osakademanabu.com/namba/)等で受付
[受付期間] 8月26日(月)0時～10月17日(木)24時

●大阪市立中央図書館では、関連展示も多数実施しています。
「写真・絵葉書でめぐる大阪の近代建築」9月20日(金)～10月16日(水)
「建築満喫2019」9月20日(金)～11月20日(水)
「大阪市立中央図書館WEBギャラリー　写真・絵葉書でめぐる大阪の近代建築」9月1日(日)～11月30日(土)
http://image.oml.city.osaka.lg.jp/archive/gallery.do?inside=inside&smode=10&gid=103

G スペシャルツアー
「水辺のまちあそび」船からみる、中之島界隈の近現代建築巡り［アフタートーク付］

船でゆったりと近現代建築めぐりが楽しめるクルーズ。中之島界隈を周遊しながら周辺の近現代建築についてレクチャーが受けられます。
ガイドは、生きた建築ミュージアム大阪実行委員会委員の髙岡伸一氏(P.69参照)。
クルーズ後は大阪弁護士会館にあるレストランで、髙岡氏のお話を伺います。

日時＝9月28日(土) 14時～16時30分／集合場所＝八軒家浜船着場／定員＝40名(先着順受付)
参加費＝2,500円(乗船料、スイーツ、ドリンク1杯分含む)　実施主体＝株式会社E-DESIGN
協力＝アートエリアB1、生きた建築ミュージアム大阪実行委員会、一本松海運(株)、水都大阪コンソーシアム　**要申込**
[申込方法] HPを確認下さい。 https://www.mizube.love/posts/6630095?categoryIds=1312937

| 連携 | 展示「資料で見る鉄鋼館」(EXPO'70パビリオン) | Ⅶ・エ →P.101 |

鉄鋼館(現在のEXPO'70パビリオン)や70年大阪万博当時の図面などを展示予定。

日時＝10月26日(土)・27日(日)
両日とも10時〜17時
　(最終入園時間：16時30分)
会場＝常設展示室の一部
入場料＝高校生以上 200円
　　　　中学生以下 無料
●別途自然文化園の入園料が必要です。

| 連携 | 修成建設専門学校 創立110周年記念事業 公開講座
『KENSETSU×つながる未来』 | Ⅳ・ア・2 →P.97 |

日時＝11月16日(土) 17時〜19時　【要申込(先着)】
場所＝修成堀江ラボ(大阪市西区北堀江1-21-25)
定員＝100名(中学生以上)／参加費＝無料
ゲスト建築家＝豊田 啓介／コーディネーター＝倉方 俊輔
テーマ＝「情報が変える身体・都市・社会」
問合せ＝創立110周年記念事業事務局
　　　電話：06-6474-1644　メール：110th@syusei.ac.jp
[申込方法] webサイト：https://www.syusei.ac.jp/110th/projects/extension_lecture/index.html
[申込開始日] 10月1日(火)　[締切] 定員に達し次第

建設を学ぶ人、また、これから建設業界を目指す人にむけた講演会。建築史家の倉方俊輔氏(P.15参照)が、建設の世界で活躍されている著名人を全6回の講演会としてコーディネート。第1回は大阪・関西万博の招致会場計画アドバイザーでもある建築家豊田啓介氏です。

●豊田啓介氏

beyond 2020

| 連携 | Architects of the Year 2019 | Ⅴ・イ・1 →P.98 |

若手建築家の活動を通して、未来の建築への展望を大阪から世に発信しようとする「Architects of the Year」展。5度目の開催となる今年はコミッショナーとして宮本佳明氏を迎え、日本橋の家において展示を行う。

日時＝10月25日(金)〜11月10日(日) 10時〜16時
場所＝100 日本橋の家／参加費＝500円
主催＝日本建築設計学会
●イベントを予定。http://www.adan.or.jpで告知します。
●10月26日(土)・27日(日)は参加費無料。

日本橋の家では10月26日(土)・27日(日)に、特別公開も実施します。詳しくはP.63まで。

| 連携 | トークイベント「アジール・フロッタンの奇蹟—ル・コルビュジエの浮かぶ建築」 | Ⅱ・エ・2 →P.95 |

日時＝10月27日(日) 13時～14時／場所＝40 大阪府立中之島図書館 多目的スペース
参加費＝無料／出演者＝竹山聖×遠藤秀平(P.31参照)×倉方俊輔(P.15参照)
主催＝日本建築設計学会 ●詳細・問合先＝http://www.adan.or.jp／office1@adan.or.jp

パリのセーヌ川に浮かぶコンクリート製の難民避難船アジール・フロッタンを知る人は少ない。1929年、ル・コルビュジエがリノベーションし、若き前川國男が担当したアジール・フロッタンがセーヌ川の増水により昨年2月に沈んでしまいました。このアジール・フロッタンとル・コルビュジエについて知っていただくイベントです。

竹山 聖
たけやま せい

1954年大阪生まれ／1977年京都大学卒業／1979年東京大学大学院修士課程修了／1979年設計組織アモルフ創設／1983年株式会社設計組織アモルフに改組、代表取締役就任／1984年東京大学大学院博士課程退学／1992年京都大学助教授／2015年京都大学教授／2016年香港大学客員教授。建築家。主な作品に、箱根強羅花壇、周東パストラルホール、大阪府立北野高校、べにや無何有、城崎温泉西村屋招月庭、浅草威光院、新宿瑠璃光院白蓮華堂、雷門旅館、など。主な著作に、『独身者の住まい』(廣済堂出版2002)、『ぼんやり空でも眺めてみようか』(彰国社2008) など。

| 連携 | JIA近畿支部 建築週間 | Ⅱ・エ・4 →P.95 |

作品展示：10月25日(金)～11月4日(月)
関西建築家大賞 受賞作品
関西建築家新人賞 受賞作品
JIA近畿支部学生卒業設計コンクール 受賞作品

オープニングイベント：10月25日(金)
17:00- JIA近畿支部学生卒業設計コンクール 発表会
　　　コメンテーター：阿曽 芙美・榊原 節子
18:00- トークショー「建築家を顕彰する」
　　　スピーカー：出江 寛・坂 茂
　　　モデレーター：倉方 俊輔

11月1日(金)
18:00- 関西建築家大賞表彰式及び鼎談
　　　スピーカー：第15回(2019年)大賞受賞者
　　　審査建築家：古谷 誠章
　　　モデレーター：竹原 義二

主催＝(公社)日本建築家協会近畿支部
場所＝本町ガーデンシティエントランスホール

JIA建築家はその業務において、歴史的な文化を継承し、自然環境を守り、安全で快適な環境をつくっています。それは、人々の共感と理解に支えられつつ、人間の幸福と社会文化の形成に寄与するものであります。
この建築家の職能をよりいっそう明確なものとするため、JIA近畿支部では、その優れた建築活動を顕彰すべく関西建築家大賞及び将来性を期待される建築家に贈られる関西建築家新人賞を設置しています。また、次世代を担う建築学生の卒業設計コンクールも合わせて開催しています。
今年で28年目を迎え、改めてこれらの賞を振り返り、JIA建築家の創る優れた建築が社会、環境にどう関わり影響を及ぼしているのか、建築を使う市民がどう感じているのか、さらには受賞された建築家がその後の活動にどのような意識の変化があったのかを明らかにして、この賞の意義と建築文化の価値を社会に発信していきます。

| 連携 | 第63回大阪建築コンクール受賞者講演会＋トークセッション | ⓘ Ⅰ・ウ・3 →P.93 |

大阪建築コンクールは、建築士と社会とのかかわりを通じて建築作品を評価し、その優れた実績をたたえ、作品の設計者を表彰する歴史あるコンクールです。
63回目の今回は2作品が受賞し、これを記念して受賞者による講演会と審査員を交えてのトークセッションを開催します。

日時＝10月18日(金) 19時〜20時40分(18時30分開場)
会場＝大阪工業大学梅田キャンパス OIT梅田タワー2階セミナー室203／定員＝80名(申込不要)／参加費＝無料
主催＝公益社団法人 大阪府建築士会／問合せ先＝06-6947-1961

| 連携 | 第44回 京阪・文化フォーラム OMM開館50周年記念企画「京阪沿線の城と歴史発見」 | ⓘ Ⅵ・ア・1 →P.99 |

要申込

日時＝10月26日(土) 13時〜16時予定(12時開場)
場所＝[79] OMM 1階グラン101・102／定員＝230名／参加費＝前売1,000円・当日1,200円
出演者＝中西裕樹[高槻市文化財課主幹]「水と歴史と天下をつなぐ京阪沿線の城」
　　　　宮本裕次[大阪城天守閣 研究副主幹]「大阪城と天満橋・八軒家」
問合せ＝京阪ホールディングス「京阪・文化フォーラム係」電話：06-6944-2542(土・日・祝・休日を除く9時30分〜12時、13時〜17時30分)

［申込方法］京阪電車主要駅で配布のチラシまたはホームページhttp://www.okeihan.net/forum/でご確認ください。

| H | スペシャルツアー | 「あべのってpresents 昭和レトロなまちなみ撮影とまちあるき」＆播谷商店ガイドツアー | 📷 一部不可 |

長屋、商店街など阿倍野区内の昭和レトロなまちなみの撮影とまちあるき(約2時間)の後、 播谷商店の建物説明を行います。

日時＝10月19日(土) 10時〜13時　**要申込**(先着)
定員＝15名／参加費＝500円
案内人＝篠原カメラ店主、植松清志(P.16参照)

● 詳しいコースはあべのってHPに掲載します。
● 集合場所は参加者にのみメールにてお知らせします。
● 播谷商店の建物内部の写真撮影は不可です。

［申込方法］あべのってHP(abenotte.com)にアクセスし、専用応募フォームからお申し込みください。
［必要事項］①お名前 ②住所 ③電話番号 ④メールアドレス　［申込宛先］あべのって(任意団体)
［Eメール］abenotte@gmail.com「あべのって まちあるき係」　［締切］9月30日(月)
● 1通の申込での人数制限＝1名　● 先着順。定員に達した場合はあべのってHPでお知らせします。
● メールの返信をもって参加確定とします。あべのってからのメールを受信できるよう設定をお願いします。

(左)阿倍野区の応援キャラクター「あべのって」
(右上)アベノ洋風長屋
(右下)寺西家阿倍野長屋

播谷商店では、10月19日(土)にガイドツアーのみの実施もあります。詳しくはP.16へ。

| 連携 | 青山ビル | Ⅱ・オ・3 →P.95 |

トークセミナー
「カクカタル イケフェスの陣 in 青山ビル」
要申込

日時＝10月26日(土) 16時〜18時
会場＝56 青山ビル地下1階／定員＝35名
参加費＝前売：1,500円、当日：2,000円
出演者＝四代目玉田玉秀斎［講談師］、木下昌輝［歴史小説家］

[申込方法] お電話かメールでの申込
[必要事項] ①お名前 ②人数 ③電話番号
[申込宛先] カクカタル事務局 電話：090-2018-7659
[Eメール] maruyama4520@hotmail.co.jp
●当日券がある場合は、先着順。●全席自由席となります。

四代目玉田玉秀斎｜大阪市出身。2001年11月旭堂小南陵(現4代目旭堂南陵)に入門。2016年11月、四代目玉田玉秀斎を襲名。ジャズやアコーディオンなど音楽とのコラボ講談などの講談新企画に挑戦。講談の多言語化にも取り組む。ブラジル、ブルガリア、上海、ラスベガス、フェアヘブン等で外国語講談も行う。4月より毎週土曜日、大阪日日新聞、日本海新聞にて「たまチャンの『ウソ&マコト境界線巡り旅』連載中」

木下昌輝｜奈良県出身。2012年『宇喜多の捨て嫁』でオール讀物新人賞を受賞しデビュー。同作は第152回直木賞候補、第4回歴史時代作家クラブ賞受賞、第9回舟橋聖一文学賞受賞、第2回高校生直木賞受賞となる。『宇喜多の楽土』は第159回直木賞候補となった。『天下一の軽口男』で第7回大阪ほんま本大賞を『絵金、闇を塗る』で第7回野村胡堂賞を受賞。最新作は『戦国十二刻始まりのとき』。

特別トークセミナー
「未来社会をデザインする 〜大阪・関西万博に向けて文化創造の「磁場」としての近代建築再考〜」
要申込(先着)

日時＝10月26日(土) 19時30分〜21時(19時開場)
会場＝56 青山ビル地下1階
定員＝40名／参加費＝無料
出演者＝門上武司［『あまから手帖』編集顧問］
　　　　辻邦浩［国立民族学博物館特別客員教授］
　　　　山納洋［大阪ガス(株)近畿圏部 都市魅力研究室長］
　　　　佃梓央［煎茶家・一茶庵宗家嫡承］
　　　　青山修司［青山ビル所有者・国登録有形文化財全国所有者の会事務局長］
主催＝未来社会をデザインする会
　　　(2025年万国博を考える会)
●問合せ＝futuresociety2025@gmail.com

[申込方法] 青山ビルHPかメールでの申込
[必要事項] ①お名前 ②人数 ③電話番号 ④メールアドレス　[Eメール] info@aoyama-bld-osaka.co.jp
[申込宛先] 青山ビル www.aoyama-bld-osaka.co.jp
●青山ビルからの折り返しのメールがあり次第申込完了です。●定員になり次第終了

洋館ミステリ劇場：坂口安吾「奇術師の眼力」
要申込(先着)

青山ビル建築当初の時代の探偵小説を再現。俳優陣も時代考証を重ね、シーン毎に部屋を移動し、犯人を当てるミステリーツアー型の演劇。この5日間は青山ビルが建物も人もタイムスリップ！また、開演前に建物の歴史や系譜を皆様にご説明いたします。

日時＝10月13日(日)、19日(土) ①14時30分〜 ②18時〜
　　　14日(月・祝)、20日(日) ①11時〜 ②14時30分〜 ③18時〜
　　　22日(火・祝) ①11時〜 ②14時30分〜 (各回約120分)
会場＝56 青山ビル／定員＝各20名／参加費＝3,500円

[申込方法] メールまたはFAXでの申込。
[必要事項] ①お名前 ②ご住所 ③ご希望日 ④枚数 ⑤電話番号
[申込宛先] G-フォレスタ メール：ticket@g-foresta.com FAX：06-6422-3488
●折り返しの返信をもって予約完了です

霜乃会プロデュース
「能面展」&トークショー
要申込(先着)

日時＝10月24日(木)(展示)16時〜19時
　　　(トークショー)19時30分〜20時(予定)
会場＝56 青山ビル地下1階／定員＝35名
参加費＝(展示)600円、(トークショー)1,000円

[申込方法] お電話かメールでの申込。1通の申込での人数制限＝5名まで
[必要事項] ①お名前 ②枚数 ③電話番号
[Eメール] info@sohnokai.com
[申込宛先] 霜乃会事務局 電話：070-2635-6644
●折り返しのメールがあり次第申込完了です。●定員になり次第終了
●全席自由席となります。●トークショーのみ要申込です。能面師が能面の魅力についてお話します(17時30分、18時30分)。

青山ビルでは、10月26日(土)・27日(日)に、様々なプログラムも実施します。詳しくはP.41で。

生きた建築ミュージアムフェスティバル大阪2019

| 連携 | まちと生きる現代アート |

イケフェス大阪期間中、現代美術のアートフェアを主催するなど大阪のアートシーンを牽引してきた「ART OSAKA」がプロデュースし、3つの建物で現代アートの展示をおこないます。大阪の歴史を語る建築と、ART OSAKAイチオシの現代美術作家たちとの魅力的なコラボレーションを、ぜひご体感ください。

● アート展示の見学時間は、各建物の公開時間に準じます。

1. 北野家住宅(P.37) × 森末由美子(立体)、林勇気(映像) 協力｜ギャラリーほそかわ

かつて生活空間として使われていた場所で、
記憶を呼び起こすかのようなもうひとつの物語を紡ぎ出します。

森末由美子｜1982年京都生まれ、2009年京都市立芸術大学大学院修了。日用品をモチーフに、緻密な手仕事を加えることでそのものの意味から離れ、ありふれた日常の風景を変容させる。

林勇気｜1976年京都生まれ、1997年映像の制作をはじめる。自身で撮影した膨大な量の画像データを素材として独自の映像作品を制作する。

(左)林勇気《光の庭ともうひとつの家》HDビデオ/2014年/協力：NO ARCHITECTS / Photo: Mari Tanabe (右)森末由美子《さっきの》針金、花瓶/2016年

2. 安井建築設計事務所本社ビル(P.51) × 吉岡千尋(絵画)

協力｜アートコートギャラリー

エントランスロビーを飾るアート《muqarnas 9》をはじめ、
建築装飾をモチーフにした作品を紹介します。

吉岡千尋｜1981年京都生まれ。空を見上げ、地を見下ろすなどの身体経験を通して、現実風景の中の印象的な光景を「模写」し、一遍の詩のように描きだす。イスラム建築の天井装飾からインスピレーションを得た《muqarnas》など、近年は建築装飾を取り入れた表現で現代絵画の可能性を追求している。

吉岡千尋《muqarnas 9》油彩、蜜蝋、金属粉、カンヴァス/2015年
所蔵：安井建築設計事務所

3. 原田産業株式会社大阪本社ビル(P.60) × 今村源(立体/平面)

協力｜ギャラリーノマル

歴史的建造物が持つ"時の記憶"に呼応するかのような、
有機的な展示空間を創出します。

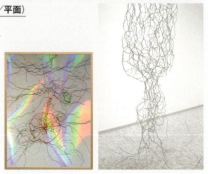

今村源｜1957年大阪生まれ、京都在住。80年代より関西を拠点に活動を開始。針金やボール紙、粘土など、およそ美術作品らしからぬ素材をあえて用いた彫刻、インスタレーションにより独自の哲学・思想を表現してきた。全国の美術館に作品が収蔵されており、一般はもとより、多くの作家・美術関係者から評価と支持を得ている。

(左)今村源《ヒカリにかえる・キノコ》
ホログラムペーパーにシルクスクリーンプリント/2017年
(右)今村源《わたしはキンシ-R》(部分) 針金、着彩/2010年

[展示に関するお問い合わせ] 一般社団法人日本現代美術振興協会
〒542-0062 大阪市中央区上本町西4-1-68 Tel. 06-7506-9347 E-mail. info@apca-japan.org

関連イベント

イケフェス大阪とは、ひと味違った視点で、大阪の魅力を伝える「関連イベント」をご紹介。
イケフェス大阪の良きライバル、良き友として、これからもよろしくお願いします。

関連　海岸通文化祭 MINA to meets（みなとミーツ）　Ⅶ・ア →P.100

日程＝10月26日（土）・27日（日)
両日とも10時〜16時
会場＝F 中谷運輸築港ビル
　　　（旧商船三井築港ビル）
料金＝入場無料
主催＝海岸通文化祭実行委員会
問合先＝minatomeets@gmail.com
URL＝https://minatomeets.com/
●最新情報はHPで

戦後の嵩上げによって土中に埋まった1階は築港天保山地域の建物の大きな特徴。現在は非公開のもと1階（現地下）を含め、ビルを丸ごと楽しめる企画を準備中。にぎやかでなつかしい、特別な一日を。

**関連　中之島ウエスト・秋ものがたり2019
『中之島まるごとフェスティバル』**

ハイレベルな学生の音楽プログラム、中之島にお勤めのワーカーやプロミュージシャンによるコンサートなど、あらゆる『音楽』で文化・芸術のまち中之島が賑わいます。
被災地応援プロジェクト第2弾として昨年中之島ウエストから新たに始動した『大阪・中之島オトノチカラプロジェクト』〜震災を忘れない〜では、東日本大震災で被災された子どもたちと、オオサカ・シオン・ウインド・オーケストラの音楽交流会の開催に向けて各イベント会場での募金活動を行います。

日程＝10月19日（土）〜10月27日（日）
主催＝中之島ウエスト・エリアプロモーション連絡会／URL＝http://nakanoshima-west.jp/

| 関連 | 御堂筋 AUTUMN GALLERY 2019 |

今年も御堂筋沿道の店舗にて多数イベントを開催いたします。中でも期間限定で設置されます休憩施設「パークレット」が本町ガーデンシティ前に登場！さらに週2回、キッチンカーも登場いたします。また、10月25日(金)、26日(土)は「御堂筋ピクニックinパークレット」として、パークレット前にてイベントを開催いたします。ぜひパークレットにお越しいただき、一息つきませんか？詳細はHPまたはfacebookページでご確認ください。

一般社団法人
御堂筋まちづくりネットワーク

日程＝10月24日(木)〜12月20日(金)／会場＝御堂筋(土佐堀川〜博労町通間)沿道
主催＝一般社団法人御堂筋まちづくりネットワーク
　　HP：http://www.midosuji.biz　Facebook：https://www.facebook.com/midosuji.biz

| 関連 | 第9回オープンナガヤ大阪2019 |

大阪にある40以上の長屋の改修・活用事例を一斉公開「暮らしびらき」します。大阪には長屋が数多く残り、さまざまな人が現代のライフスタイルに合わせた長屋暮らしを楽しんでいます。長屋での暮らしぶりや改修方法などをオープンにすることで、多くの方に大阪長屋への理解や愛着を深めていただければと思います。

日時＝11月16日(土)・17日(日)
会場＝大阪市内・市外 計40会場以上　詳しくはガイドマップやウェブサイトをご覧ください。
問合せ＝E-mail opennagaya@gmail.com　HP http://opennagaya-osaka.tumblr.com
主催＝オープンナガヤ大阪2019実行委員会、大阪市立大学長屋保全研究会
後援＝景観整備機構(公社)大阪府建築士会まちづくり委員会、大阪市立大学都市研究プラザ・豊崎プラザ

| 関連 | 船場博覧会 2019 |

船場のまちで活動する地域の人たちが、毎年神農祭に合わせて開催しているイベントです。企画展示やセミナー、北船場のみどころを巡るツアーや近代建築を会場にしたコンサートなど、船場の魅力が体験できるプログラムが満載です。

日時＝11月17日(日)〜23日(土・祝)［前夜祭 16日(土)］
場所＝辰野ひらのまちギャラリー他、北船場の近代建築など(中央区平野町1-5-7 辰野平野ビル地下1階)
主催＝船場博覧会実行委員会
●日時・場所はプログラムにより異なります。●詳細については「船場博覧会2019」で検索して下さい。

OPEN HOUSE OSAKA 2019

生きた建築ミュージアム
フェスティバル大阪

エリアマップ

キタエリア	→P.93
船場・中之島エリア	→P.94
西船場・川口エリア	→P.96
南船場・ミナミ①エリア	→P.97
ミナミ②・新世界エリア	→P.98
大阪城周辺エリア	→P.99
その他のエリア	→P.100

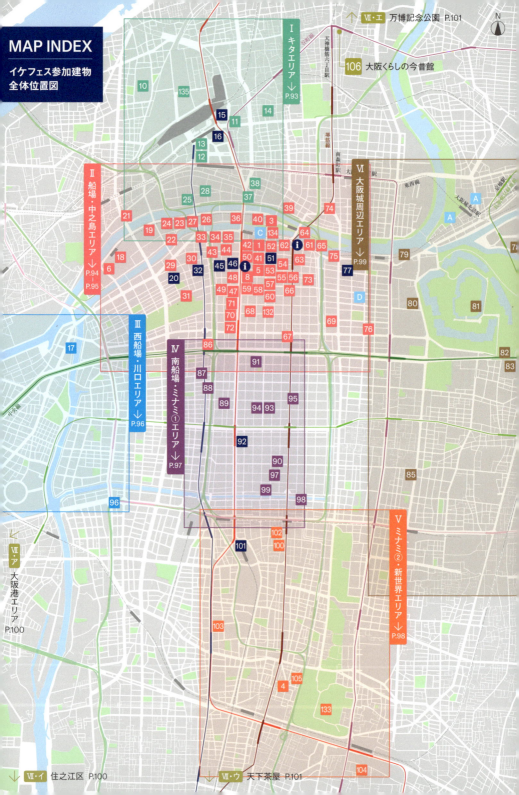

Ⅰ キタエリア

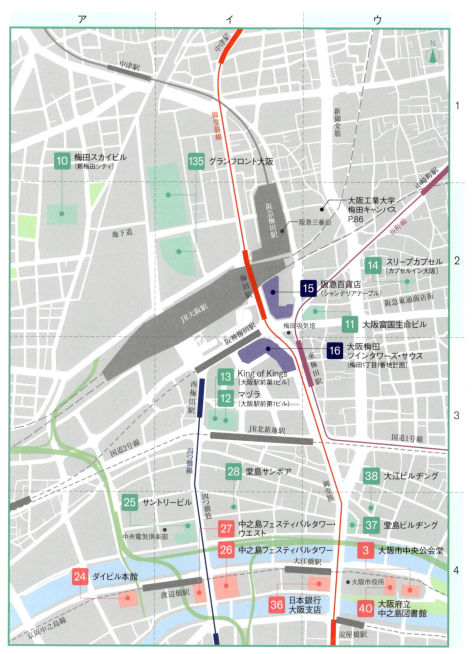

↓ Ⅱ 船場・中之島エリア P.94-95

II 船場・中之島エリア

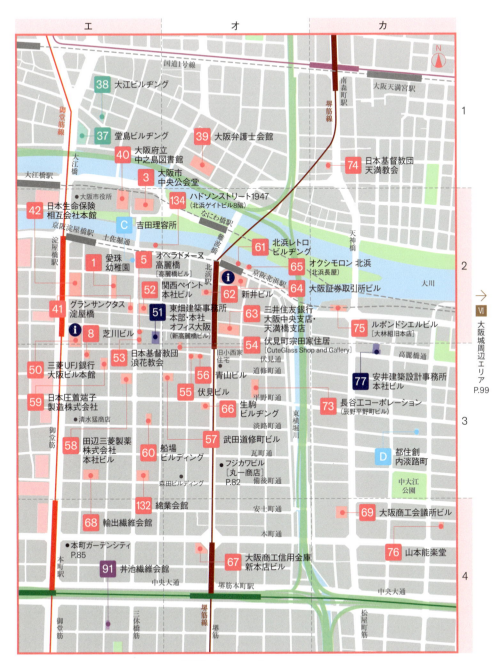

Ⅲ 西船場・川口エリア

Ⅱ 船場・中之島エリア P.94-95

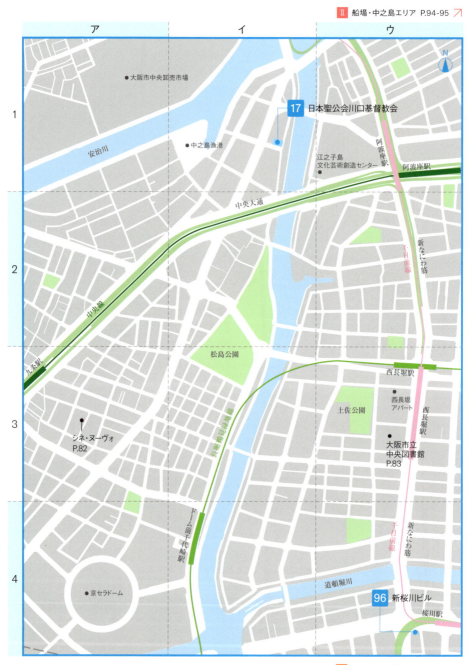

IV 南船場・ミナミ①エリア

V ミナミ②・新世界エリア

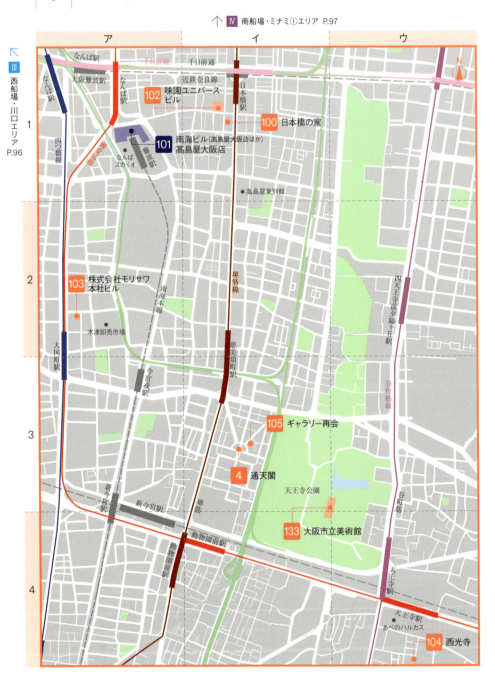

VI 大阪城周辺エリア

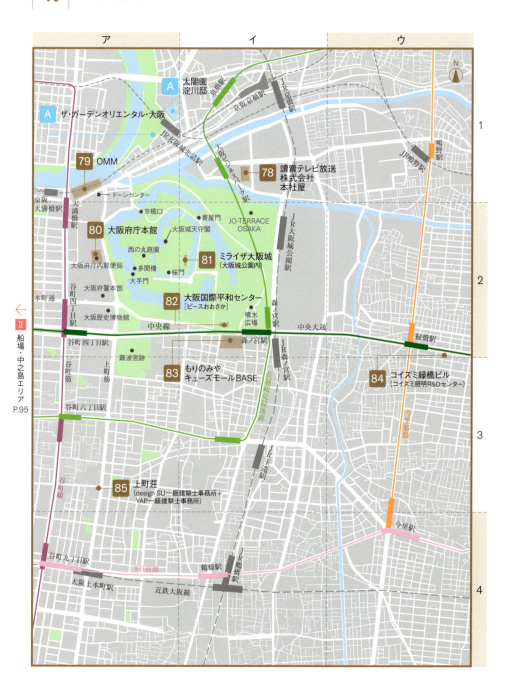

Ⅶ その他のエリア

ア 大阪港エリア

イ 住之江区

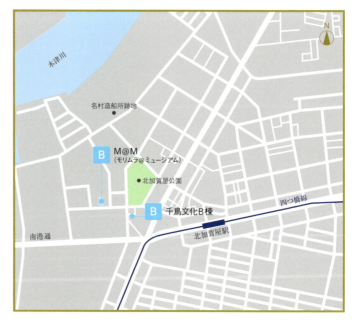

ウ 天下茶屋エリア

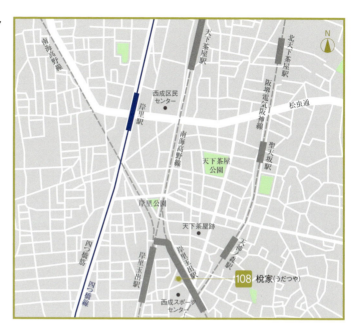

エ 万博記念公園

生きた建築ミュージアム大阪
実行委員会

実行委員会について

大阪市では平成25年度から、まちをひとつの大きなミュージアムと捉え、そこに存在する「生きた建築」を通して大阪の新しい魅力を創造・発信する取組みとして、「生きた建築ミュージアム事業」を実施してきました。特にその一環として、建物所有者をはじめとする民間企業、大学等との協力・連携のもと、平成26年度・27年度に開催した「生きた建築ミュージアム フェスティバル大阪（イケフェス大阪）」は、大阪発・日本最大級の建築イベントとして定着し、広く内外の方々に、「生きた建築」を通した、大阪の新しい魅力に触れていただく貴重な機会となっています。この流れをさらに発展させていくことを目的に、民間企業、専門家、大阪市等からなる「生きた建築ミュージアム大阪実行委員会」を平成28年7月20日に発足しました。現在はこの実行委員会が主催となって、「イケフェス大阪」の開催の他、建築を通した新しい大阪の都市魅力の創造と発信を目的に、様々な活動を展開しています。

委員一覧 (2019年7月1日現在)

委員長

橋爪 紳也	大阪府立大学 研究推進機構 特別教授

副委員長

嘉名 光市	大阪市立大学大学院 工学研究科 教授
山本 竹彦	ダイビル株式会社 顧問

委員

天野 直樹	株式会社竹中工務店 顧問
倉方 俊輔	大阪市立大学大学院 工学研究科 准教授
指田 孝太郎	株式会社日建設計 取締役常務執行役員
佐野 吉彦	株式会社安井建築設計事務所 代表取締役社長
芝川 能一	千島土地株式会社 代表取締役社長
髙岡 伸一	近畿大学建築学部 准教授
田中 雅人	大阪ガス株式会社 近畿圏部長
新田 浩二郎	株式会社大林組 執行役員
米井 寛	株式会社東畑建築事務所 代表取締役社長
篠原 祥	大阪市都市整備局 局長

実行委員会のロゴマークについて

OSAKAの「O」と木の「年輪」とを掛け合わせたシンボルマーク。抽象的に図案化した年輪を矩形と組み合わせることで、「生きた建築」を想起させるデザインになっています。歴史を刻む生きた建築が開かれることで街に人の動き・つながりの輪ができ、それが広がっていくような意味合いを込めました。

またロゴタイプには、日本を代表する書体メーカーで、1924年創業で大阪に本社を構えるモリサワが、1955年に初めて発表したオリジナル書体文字の「ゴシックBB1」を用いることで、「生きた建築」が大阪発のムーブメントであることを表現しています。

アートディレクション＝後藤 哲也
シンボルマークデザイン＝山内 庸資
タイプフェイス＝ゴシックBB1（モリサワ）

実行委員会企業・協賛

大阪ガス

大林組

ダイビル株式会社

竹中工務店

千島土地株式会社

東畑建築事務所
TOHATA ARCHITECTS & ENGINEERS, INC.

NIKKEN
EXPERIENCE, INTEGRATED

安井建築設計事務所

協賛

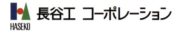

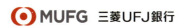

宝塚市立文化芸術センター
宝塚文化芸術センター庭園開設準備室

大阪建築技術協会

一般社団法人日本建築協会	大阪R不動産	大林新星和不動産株式会社
株式会社140B	株式会社大阪国際会議場	株式会社サンケイビル
株式会社TAKプロパティ	関西ペイント株式会社	京阪神ビルディング株式会社

生きた建築ミュージアムフェスティバル大阪2019 公開協力企業・団体等一覧（順不同）

愛珠幼稚園

大阪市

関西大学

大阪市中央公会堂指定管理者
サントリーパブリシティサービス
グループ

通天閣観光株式会社

株式会社大阪国際会議場

ザ・ガーデンオリエンタル大阪
（株式会社Plan・Do・See）

太閤園株式会社

大阪市立大学

千島土地株式会社

あべのって

播谷商店

積水ハウス株式会社

積水ハウス梅田オペレーション
株式会社

三菱地所プロパティマネジメント
株式会社

マヅラ

King of Kings

ニュージャパン観光株式会社

株式会社阪急阪神百貨店

株式会社バルニバービ

阪急阪神不動産株式会社

株式会社竹中工務店

日本聖公会川口基督教会

株式会社ロイヤルホテル

大阪中之島美術館準備室

株式会社遠藤克彦建築研究所

銭高・大鉄・藤木特定建設工事
共同企業体

朝日放送グループホールディングス
株式会社

喫茶カレン

そば処吉吉

euro life style

co-ba NAKANOSHIMA

きりう不動産信託株式会社

三井不動産株式会社

三井不動産ビルマネジメント
株式会社

ダイビル株式会社

サントリーホールディングス
株式会社

朝日新聞社

株式会社朝日ビルディング

堂島サンボア

日本銀行大阪支店

大阪府立中之島図書館指定管理者
株式会社アスウェル

日本基督教団大阪教会

コダマビルディング

アートアンドクラフト

株式会社久米設計

大同生命保険株式会社

株式会社三井住友銀行

住友商事株式会社

住商ビルマネージメント株式会社

株式会社堂島ビルヂング

株式会社140B

日本建築設計学会

都窯業株式会社

大阪弁護士会

コホロ ELMERS GREEN
コーヒーカウンター

日本生命保険相互会社

今橋ビルヂング

ダルポンピエーレ

一般社団法人大阪倶楽部

株式会社日建設計

株式会社日本設計

株式会社オービック

鹿島建設株式会社

大阪ガス株式会社

北野家住宅

三菱UFJ銀行

船場近代建築ネットワーク

RIVE GAUCHE

株式会社東畑建築事務所

関西ペイント株式会社

日本基督教団浪花教会

日本精工硝子株式会社

伏見ビル

大阪住宅株式会社

KIRIN KELLER yamato 北浜店

Salon des 有香衣（サロンデュカイ）

ギャラリー遊気Q & 遊気Q倶楽部

辻邦浩

Corona Rosarum známka

霜乃会

四代目玉田玉秀齋

木下昌輝

G-フォレスタ

公益財団法人武田科学振興財団

田辺三菱製薬株式会社

日本圧着端子製造株式会社

Atelier KISHISHITA

桃谷順天館グループ
桃井商事株式会社

北浜レトロ株式会社

新井株式会社（新井ビル）

株式会社大阪取引所

平和不動産株式会社

株式会社カフーツ

株式会社生駒ビルヂング

大阪商工信用金庫

株式会社輸出繊維会館

三休橋筋愛好会

三休橋筋商業協同組合

大阪商工会議所

本願寺津村別院(北御堂)

株式会社TAKプロパティ

株式会社朝日ファシリティズ

公益財団法人竹中大工道具館

一般社団法人
御堂筋まちづくりネットワーク

株式会社長谷エコーポレーション

日本基督教団天満教会

株式会社大林組

大林新星和不動産株式会社

公益財団法人山本能楽堂

株式会社安井建築設計事務所

空間計画株式会社

THNK一級建築士事務所

讀賣テレビ放送株式会社

京阪ホールディングス株式会社

京阪建物株式会社

大阪府

大阪城パークマネジメント株式会社

公益財団法人
大阪国際平和センター

東急不動産株式会社

コイズミ照明株式会社

design SU一級建築士事務所＋
株式会社YAP一級建築士事務所

オリックス株式会社

立売堀ビルディング

長瀬産業株式会社

株式会社小倉屋山本

日本基督教団島之内教会

株式会社井池繊維会館

みんなの不動産

株式会社大丸松坂屋百貨店
大丸心斎橋店

原田産業株式会社

株式会社大阪農林会館

堺筋倶楽部

丸二商事株式会社

株式会社浪花組

自安寺

株式会社食道園

日本橋の家

南海電気鉄道株式会社

株式会社髙島屋大阪店

株式会社ユニバース

株式会社モリサワ

西光寺

恵美須興業株式会社

一般社団法人日本建築協会

大阪市立住まいのミュージアム
大阪くらしの今昔館

STUDIO A&a

玉出 悦家(うだつや)

八木邸倶楽部

摂南大学

中央工学校OSAKA

公益財団法人
日本センチュリー交響楽団

近畿大学

株式会社NTTファシリティーズ

清水・大豊・久本特定建設工事
共同企業体

水道記念館

大阪狭山市

狭山池まつり実行委員会

一般社団法人日本綿業倶楽部

大阪市立美術館

株式会社ケイオス

グランフロント大阪

株式会社美装空間

中谷運輸株式会社

シネ・ヌーヴォ

丸一商店株式会社

大阪市立難波市民学習センター

大阪市立中央図書館

株式会社E-DESIGN

一本松海運株式会社

万博記念公園マネジメント・
パートナーズ

修成建設専門学校

公益社団法人
日本建築家協会近畿支部

公益社団法人大阪府建築士会

一般社団法人
日本現代美術振興協会

海岸通文化祭実行委員会

中之島ウエスト・
エリアプロモーション連絡会

オープンナガヤ大阪2019実行委員会

大阪市立大学長屋保全研究会

船場博覧会実行委員会

西日本旅客鉄道株式会社

大阪市高速電気軌道株式会社

一般財団法人緒方洪庵記念財団

その他大勢の
'生きた建築'に関わるみなさん

生きた建築ミュージアムフェスティバル大阪2019

ⓘ イケフェス大阪2019 インフォメーションセンター

日時
10月26日(土) 10時〜18時
　　27日(日) 10時〜16時

場所

64 大阪証券取引所ビル
1階アトリウム
中央区北浜1-8-16　大阪メトロ北浜駅1号B出口
📍Ⅱ・オ・2 →P.95

50 三菱UFJ銀行大阪ビル本館
1階ギャラリーラウンジ
中央区伏見町3-5-6
大阪メトロ御堂筋線淀屋橋駅11号出口
📍Ⅱ・エ・2 →P.95

インフォメーションセンター特設電話
Tel. 070-4286-0445
(イケフェス大阪2019 開催本部)

- メインイベント期間中のみの特設インフォメーションです。
　(開設時間にご注意ください。)
- 特設電話はつながりにくい場合もございます。
　また上記日時以外はつながりません。

イケフェス大阪2019についてのお問い合わせ

📞 **Tel. 06-4301-7285**
　大阪市総合コールセンター[年中無休／8時〜21時]

✉ **E-mail. info@ikenchiku.jp**
　生きた建築ミュージアム大阪実行委員会

- 電話はつながりにくい場合もございます。ご容赦ください。
- 上記では、プログラムへの参加申込・キャンセルは一切受付けておりません。

 インフォメーションセンターではワークショップも実施。詳しくはP.26へ。

Osaka Metroからのお知らせ

生きた建築ミュージアムフェスティバル大阪へは、便利でお得な乗車券をご利用ください。

1日乗車券「エンジョイエコカード」
これ1枚でOsaka Metro・大阪シティバス*が乗り降り自由。市内の観光施設の提示割引もついています。
[大人] 平日：800円／土日祝：600円
[小児] 300円

スルッとKANSAI大阪周遊パス1日券（大阪エリア版）
Osaka Metro・大阪シティバス*・私鉄各線の市内エリアの1日乗車券と大阪城天守閣や梅田スカイビル空中庭園展望台など、市内の観光スポット約40か所が無料。
料金：2,700円
(こども料金の設定はありません)

*大阪シティバスの規則等で定める一部路線を除きます。

このほかにもお得な乗車券をOsaka Metroの駅長室などで販売いたしております。詳しくはホームページをご覧ください。
▶ https://www.osakametro.co.jp